| 第四辑 |

找寻遗失在西方的中国史

西洋镜

一个德国建筑师眼中的中国 1906 — 1909

[德] 恩斯特·柏石曼 著　徐原 赵省伟 编译

台海出版社

图书在版编目（CIP）数据

一个德国建筑师眼中的中国：1906—1909/（德）
恩斯特·伯施曼著；徐原，赵省伟编译.—北京：台
海出版社，2016.12（2022.2重印）
（西洋镜）
ISBN 978-7-5168-1237-2
I.①一…Ⅱ.①恩…②徐…③赵…Ⅲ.①古建筑
—中国—摄影集Ⅳ.①K928.71-64

中国版本图书馆CIP数据核字（2016）第291542号

西洋镜：一个德国建筑师眼中的中国 1906—1909

著　　者：[德国] 恩斯特·伯施曼	编 译 者：徐　原　赵省伟
出 版 人：蔡　旭	责任编辑：俞滟荣

出版发行：台海出版社

地　　　址：北京市东城区景山东街 20 号　　邮政编码：100009

电　　　话：010-64041652（发行，邮购）

传　　　真：010-84045799（总编室）

网　　　址：www.taimeng.org.cn/thcbs/default.htm

E—mail：thcbs@126.com

经　　　销：全国各地新华书店

印　　　刷：北京汇瑞嘉合文化发展有限公司

本书如有破损、缺页、装订错误，请与本社联系调换

开　　本：787mm×1092mm　　　　1/16	
字　　数：150 千字	印　　张：20
版　　次：2017 年 2 月第 1 版	印　　次：2022 年 2 月第 2 次印刷
书　　号：ISBN 978-7-5168-1237-2	

定　　价：128.00 元

出版说明

　　恩斯特·柏石曼（Ernst Boerschmann，1873—1949年）于1906—1909年穿越中国12个行省，拍摄大量图片，对中国的建筑和景观进行全面考察。他从中精选288幅图片汇集成册，向世人展示当地的风土人情。拍摄年代已逾百年，很多建筑因为各种历史和人为原因早已不存。摄影师徐原先生和他的同仁们则循着大师的足迹，复现百年前的历史真实。从2006年至今，一直在实践这一浩大工程。

　　本次图书出版是我们站在前人的肩膀上轻负前行，遵循以下原则对图书内容和图片进行编辑整理：

　　1.遵循作品原貌，尽量保持原样。并配以复拍图，与老照片——对应。本书中原图说的行政区域划分和地名，均沿用原书的说明，如直隶省；复拍图则按照现今的区域规划和地名，给予说明，如北京市、河北省等。

　　2.复拍图的拍摄原则：原地点、原角度复拍，对于已经消失的建筑尽量找到原址，实地拍摄；已无法寻找到原址的，则根据景观相似的原则进行拍摄。本书中的选用图片多属摄影师徐原先生，有选用的其他拍摄者的图片已注明姓名。

　　3.现只完成北京市、河北省、山东省、山西省、陕西省、江苏省和四川省等地的原址拍摄。其他省份的复拍工作正在陆续进行，不日将与读者见面。

编者

无法逾越的中国建筑艺术之旅

桑　晔

恩斯特·柏石曼（Ernst Boerschmann，1873—1949 年）是全面考察和记录中国古代建筑的第一人。1902 年，他以德国政府东方殖民地建筑事务官员的身份第一次到中国，访问了青岛、北京、天津、上海等城市。在北京，他遇到了正在为德国政府规划东亚科学考察计划的约瑟夫·达尔曼（Joseph DahlMann），两人就探究中国建筑艺术与周边景观的关系，以及建筑物所表现的哲学和宗教概念的考察研究项目达成了初步共识，此后他们又在上海和柏林进行了相关技术细节的磋商。1905 年 3 月，卡尔·巴赫姆（Karl Bachem）议员将柏石曼起草的关于考察中国建筑的备忘录提交给帝国议会，获得了冯·利希特霍芬（Freiherrn v. Richthofen）等人的强烈赞同。

1906 年秋，柏石曼在德国政府的全额资助下再次来到中国。同年底，以北京为出发点实施为期三年的考察。柏石曼在此前交给帝国议会的那个备忘录中提出的一些内容很是空泛，例如他说关于中国建筑的该项研究对于推动德国政治经济发展及学术研究具有重要意义等等，这样讲的目的无疑就是为了找钱；另外一些内容却非常周密，十分具体——考察将充分注意中国建筑与文化背景的特点，将通过测绘制图和拍摄照片对不同年代、不同地区的典型建筑进行风格和文化背景的研究，将重点关注皇宫、民居、墓葬等建筑以及教育、娱乐、宗教等设施的规划和建筑形式。

此后的三年中，柏石曼到过北京、天津、河北、山西、河南、山东、浙江、江苏、上海、陕西、四川、湖南、江西、广西、广东、福建等地区，行程两倍于后来的中国红军二万五千里长征，完成了大量的测绘草图，拍摄了大量的照片，对长城、天坛、大雁塔、都江堰等数百个重要建筑物或构筑物，以及建筑群进行了直观描述，实现了他在备忘录中所提出的全部具体内容——只有紫禁城例外，因为不论是慈禧太后还是后来的摄政王载沣都不许他进去。

回国后，柏石曼利用这批资料先后出版了六本著作。20 世纪的中国建筑界主流话语人物普遍认为柏石曼不灵，认为他不懂博大精深的中国文化，对东方的认识也很浅薄。例如梁思成先生曾指出，柏石曼没有充分注意到中国传统建筑的屋顶不用三角构件这个与西方建筑在结构上的最大差异；陈从周先生则批评柏石曼虽然注意到中国北方建筑与南方建筑的整体区别，却以为陕西是沟通南北的津梁。对于上述评价，中国的另外一些建筑史学家和文物专家在最近几年提出了一些不同意见，他们认为实在没有必要继续狠狠地咬住柏石曼著作中的瑕疵来否定其贡献，此人对中国建筑的考察与研究毕竟比梁思成等人开始得更早，而且眼界更开阔，材料更丰富，理论更周全。

柏石曼起码是个识货的人，他为我们留下了仅就丰富性而言也是无可比拟的测绘图和照片。在目前所常见的，被称为柏石曼照片的 288 张照片里，有 200 多张是他亲自拍摄，约 40 张是由他所雇用的中国摄影师拍摄，至少有一张是他征集自柏林艺术博物馆，摄影者不详。

在这 288 张照片中有 42 处是现今的国家级文物保护单位（其中的一部分已被列入世界文化遗产名录或世界自然遗产名录），约 80 处是目前的省市级文物保护单位。即使是这种受保护单位，将现今状况与原照片稍加比较亦可发现普遍地存在着不同程度的毁损，而且其中的 20 余处为当代复建或曾经落架大修。另外的约 160 处就更不堪了，至少有 60 处建筑荡然无存。

造成上述毁损的原因，如果以毁损数量为序，以 20 世纪 60 世代为甚，几乎每处有幸留存到 1966 年的历史建筑都在 1966—1976 年这段时间内受到不同程度的破坏；紧随其后的是 1949 年以来的各种建设、抗日战争、解放战争——例如长沙左文襄祠等 5 处在抗日战争中全毁；长江沿线有 10 处因三峡工程建设而被淹没；澧陵文昌宫等 4 处在解放战争中损毁一处，在"大跃进"中拆毁两处，仅存的一处先农殿，是因毛泽东考察农民运动时曾经住过而受到高度保护。至于因地震洪水等自然灾害造成坍塌的建筑物，在 288 张照片中仅占几个百分点。

回望百年，千佛岩石窟在柏石曼考察时共有佛像 17000 余尊，1935 年国民政府修筑川陕公路炸毁近万尊，此后又陆续毁损，现今仅存 7000 余尊且多数残缺；留侯祠灵官殿建于明朝，毁于 1966 年的"破四旧"，后于 20 世纪 80 年代重建；1953 年兴建的宝成铁路从武则天出生地皇泽寺正中穿过，柏石曼照片所见的建筑物因之全毁；古北口南天门及行宫是清朝皇帝由北京前往热河的御道上的标志性建筑物和息饮之地，1933 年长城抗战，中国军队惨败于此，原有建筑全毁，后由日军扶植的伪政权于 1936 年修复，复于 1966 年被古北口中学红卫兵再度全毁；四川半边寺，根据苏联专家的设计，1953 年为修筑桥梁而拆毁；四川峨眉山金顶，1967 年失火全毁；等等。

柏石曼在向帝国议会提交的备忘录中曾经提到他的考察和研究对保存人类文化遗产具有巨大的意义——这个人很清醒地知道他究竟在做什么，他在《美丽的中国建筑与景观》这本书的开头就说：今天是向前流动的，明天隐于人们的视线之外……

面对已将柏石曼的今天碾压得支离破碎的中国百年，柏石曼照片的复拍者徐原先生和他的朋友们穿行于柏石曼的明天，为我们追寻并呈现了一个时代的起伏与兴衰，成功地揭示了我们曾经的丰富，以及得到与失去。

几乎所有的柏石曼照片，不论是他亲自拍摄的还是在他指导下由他人拍摄的，都存在着从镜框分割概念出发的、有着强烈视觉提示作用的、现今看上去有些呆板的刻意设计。通过这种貌似客观，其实带有强烈主观见解的描述，柏石曼整合了在他眼中如画的建筑景观与因袭的传统并加以体现。但是，他的这种方式给今天的复拍者造成了困扰——怎样，或者说如何既尊重原照片的主观见解，又体现复拍者的现场经验，由之回望过去。

对此，徐原先生的选择是主动地放弃尊重原图视场但使用光线等因素体现自身情感，放弃将复拍者的意志或内心经验施加于已经存在着他人主观的历史风景，而以最简捷的方式将我们的时代叠加到了柏石曼所描绘的景物，形成两者无法分割的平滑结合，这无疑是种非常出色的选择。

作为读者，我衷心地感谢徐原先生和参与复拍柏石曼照片的各位朋友。感谢此书编译者赵省伟先生，感谢你们带给我穿越世纪的体验。

指行程两万 循迹百年恩斯特·柏石曼

徐 原

　　从1906年到1909年,德国建筑师、旅行家、摄影师恩斯特·柏石曼穿越中国12个省,行程数万里,拍下了数千张皇家建筑、宗教建筑和民居的照片。到2006年,整整一百周年。澳洲学者桑晔先生为纪念柏石曼先生这一浩大计划,特地创意并发起一项民间计划:循迹百年恩斯特·柏石曼,重走那条路,重拍老照片。他的要求是:原地点、原角度复拍恩斯特·柏石曼拍摄的那些精美建筑;收集百年沧桑的变迁故事;对于那些已湮灭在百年岁月中的古建筑,也要找到原址,拍摄如今的景象或相似的景物。桑先生的初衷是想以这样的方式来审视这一百年里我们的所得和所失,铭记流逝的岁月和历史的永恒。

　　当时桑晔先生是通过在华夏知青网站上寻找志愿者来完成这项计划的,得到了十余位网友的响应和支持。我即其中之一,分到的任务是负责河北省(清末属于直隶省)、北京市(部分)(清末属于直隶省)、山西省、陕西省(除西安外)、四川省、重庆市(清末属于四川省)等地的老照片拍摄任务,总计77张。后来又增加了山东省的部分老照片拍摄任务。

　　2006年4月,我和太太张颖女士自驾车自辽宁出发,循迹百年前恩斯特·柏石曼的路线,先后穿行了京、冀、晋、陕、川、渝、鲁等地区,到6月份,总计48天,往返跑了近万公里,按照桑先生的规划和要求复拍了恩斯特·柏石曼在这些地方拍摄过的老照片。幸好桑晔先生事前做了大量的案头工作,给予我很多拍摄提示和指导,再加上当地朋友的热情相助,大大减轻了在复拍过程中寻找和摸索的工作量,让我能够心无旁骛地完成桑晔先生的策划任务。即便如此,在复拍过程中,由于时代久远等因素,在寻找某些当年恩斯特·柏石曼所拍摄的古建筑地理位置及拍摄机位上也颇费了些功夫。有些地方已经不对公众开放,有些地方变迁过多,有些地方破坏严重,都需要几经周折方能找到。

　　在长途跋涉的复拍过程中,几多欢乐几多愁。

　　每到一个地方,一旦发现当年的古建筑犹在,我是惊喜和欣慰的,纵然经历千辛万苦,纵然风餐露宿,那也是值得的。也有很多时候,看着柏石曼先生所拍摄的那如史诗绝唱般的古建筑图片,而今已然销声匿迹,那种失望和低落至今仍在心头萦绕,只能通过老照片去伤怀和回溯百年前的历史。

　　非常感谢桑晔先生发起了这样一项计划,让我有幸参与,并能为重现中国古代建筑艺术的魅力略尽绵薄之力。柏石曼先生非常钟情于四川,他称赞都江堰"二王庙"及附近的灵岩寺是中国最漂亮的庙宇。可惜的是，它们在 2008 年的汶川大地震中遭到了破坏。因缘际会，凭借着我提供的柏石曼先生的老照片，灵岩寺的观音洞在震后复建成功。听闻这个消息，我的喜悦之情溢于言表。

据澳洲的摄影师分析，恩斯特·柏石曼使用的相机配置是 12 吋大底片，焦距多数是 105 毫米，少数是 75 毫米。而 2006 年我复拍老照片时因为器材的局限，只能用 800 万像素的 APS-C 幅面的单反相机，在画质方面也留下了些许遗憾。

回首老照片复拍的过程，首先要感谢我的太太张颖女士，她一直伴我左右，陪我起早贪黑，长途跋涉；陪我风餐露宿，历尽艰辛。

更要感谢桑晔先生，是他倡导并发起了这项很有意义的复拍活动。他还为此做了大量幕后工作，提供了详尽的拍摄指导。

还要感谢山西太原市的张玲女士为我打前站并亲自陪我寻找老照片机位，并为我疏通文保部门使我能够拍摄到一些不对公众开放的文物；感谢四川成都的李砚女士、冯建新先生，为我介绍都江堰、雅安、乐山、自贡、富顺、宜宾的朋友，带我辨认和寻找老照片的建筑及场景；感谢陕西留坝女摄影师马瑞萍女士，对我的热情款待，还亲自带我爬山寻找机位；感谢四川青城山文管所柏燕女士及其先生在青城山对我的帮助；感谢网友史保嘉女士、赵云鹏先生、金雄先生、葛小夏女士的无私帮助和大力支持，他们也深度参与了复拍活动，并在书中一一署名；感谢所有沿途帮助过我的热情的父老乡亲和朋友们。

最后，要郑重感谢出版人赵省伟先生、编辑张静芳女士及当当自出版，能让我们的复拍成果向读者展示。

向恩斯特·柏石曼致以我崇高的敬意！

2016 年 9 月 19 日

目录

山东省

美丽的中国建筑与景观

恩斯特·柏石曼

今天是向前流动的，明天隐于人们的视线之外，只有历史是生动可辨的。唯有通过历史我们才能去理解生活的五彩缤纷。各民族的灵魂和永恒价值都被蕴藏于艺术之中，尤其是建筑艺术，它们不但昭示着人们日常生活的外在形式和存在必要性，而且还裹挟着我们存在的本质。以建筑艺术作品为载体，历史的精神生动可见，无所不在，它可以帮助现在的人们分析生活的本质和各种行为。

一个民族的内涵看似在世纪交替的风暴中被改变了。时代改变了，过去貌似也随之消失。在那些受压迫的日子里，当世纪风暴以令人窒息的方式向人们席卷而来，我们甚至都会怀疑民族存在的意义。当时的中国就处于完全混乱的状态里。但即使旧有的秩序和传统被推翻，文化的特有价值被打破，新兴事物如雨后春笋般在各处萌芽，这个民族的真正内核仍旧会被继承并且会被永久保存下来。这本书里的文字和图片忠实地向读者展示原汁原味的中国思想文化，我们将跟随这些古建筑尝试去揭开中华民族的神秘面纱。

中国建筑艺术的基本特征之一就是具有浓郁的宗教色彩，知道这点，能让我们更好地去理解建筑本身。宗教信仰在中国人的生活中无处不在，这也可以对他们的行为进行追本溯源。在中国这片神圣的大地上，大自然的鬼斧神工和充满灵魂的中国建筑敲击着我们的内心，震撼着我们的灵魂。

中国所有的古建筑都渗透着宗教文化特色，天地人合一的观念含于其中。中国人在神的世界中发现了一种更具体的表现形式，祭祀建筑中到处可见对太阳、月亮、星星、土地和农业的各种自然崇拜。与大多数的庙宇和佛塔差不多，这些祭祀建筑大都在深山老林中，与世隔绝。那个自然崇拜的神圣世界，那个存在于雅典人、罗马人和西欧祖先想象中的神圣的世界，直到今天依旧鲜活地存在于中国。所有的一切都沐浴在神圣的自然之光中，人们对此充满感激之情。

从哲学意义上说，这种各路力量汇聚的三位一体的观念，是古代中国传统文化思想和外来佛教思想的立足点。最为完美的表现形式就是二龙戏珠。这两条龙代表着两种不同的力量，不管是精神上还是形体上都以最初的形式展现，影响着新生事物，此消彼长，直至达到顶峰并最终走向消亡。它们大小一样，但彼此完全对立，一个玩耍，一个争斗，处于永久运动中。作为阴阳规律的化身（自然规则的对立面，比如男性和女性、肯定和否定），一条龙从东向中间，另一条龙从西向中间，不停争斗着那颗象征着完美和统一的珍珠，宝珠悬浮着、旋转着、燃烧着，发出耀眼光芒，但永远无法触及。除非它们停止存在，完全消失，两种力量合二为一，否则这一切都只是幻象。在那之前，它们要一直保持最大的活力和张力，让我们的世界包罗万象。在这之中达成的永恒和统一将在我们面前徐徐展开。

二龙戏珠阐释的三位一体的观念，这可以追溯到人类最古老的年代。在中东地区，同样的观念曾经被极早地记录过。然后，人类所能做的就是推测这种最原始的意义，因此，中国人创造出他们独有的清晰的象征符号，并有意识地把三位一体的真正含义表述出来。中国元素都具备矛盾和一分为二的基本特征，宏大和细微、唯心和唯物、平实无华和坚韧不拔、玩世不恭和深谋远虑、出世和入世、冷血和易怒、循规蹈矩和革故鼎新。在伟大的精神世界中，完全相反的两个特征既对立又统一。中华民族，如同她的国民性格一样，是循规蹈矩和文化高度统一的完美典范。

在中国，真理完全依赖行之有效的基础。两条龙和一颗珍珠代表的唯一含义，就是一种特定的信仰存在于一个完全真实的理想世界中，力量微小，但影响巨大，并且无法言喻。另一个非理想的世界里，是我们的真实生活，或平和幸福或坎坷离奇，是充满对立力量的矛盾体。只是我们不得不在真实生活中和谐相处，并把它作为我们精神世界的一种折射。这种观念导致的结果就是世界范围内思想的流动，不断创新和渴求极致。这种神化也蕴藏于建筑艺术中，它使建筑成为神迹的象征，使天人合一观念得到阐释，并使其与最高的思想完全统一，这就是所说的儒教、佛教和道教。

人和土地之间的关系亲密无间，这种主导思想像一条红线贯穿于中国人的精神领域。大地母亲赋予他们生命，养育了他们，并给他们提供最后的休息场所。因此，中国人眷恋故乡，并在死后要竭尽所能回归故里安葬。中国人对故乡的感情远超其他任何民族。所以，来自相同省份或地区的中国人在陌生的环境下会很迅速地建立一种特定的亲密情感并团结一致。

出于对土地的亲近，中国人把土地看作他们力量和精神的源泉，他们把眼光转向土地最初始的状态——山峰。因此，他们探询自身的存在，寻找神圣不可侵犯的根源，并在群山中探索神性的所在。山峰连接天空和大地，它们越高越陡峭，就越神圣。岩洞和峭壁就是神灵的栖息地，人们就在那里建造庙宇。著名的政治家、圣人、诗人和朝圣者在功德圆满后去而复回，与自然融为一体。佛教徒在悬崖峭壁上雕刻了成千上万的佛像，以此象征神的力量。古代的中国人也把岩洞中的卧佛看作等待被唤醒的超自然的力量。最有疗效的草药来自于山上，人们死后要葬在山坡。另外，人们的居住地、城镇、乡村都要置于山峦的环抱之中。

太阳的力量通过山峰传递给大地，让贫瘠的土地变得肥沃。太阳照晒水成为水雾，在群山之间形成云海，然后转化成雨，完成使命后又悄无声息地回归海洋。在非常古老的年代，中国人认为水天生具有神性。作为人类的偶像和图腾，水一直备受推崇。水循环往复，对事物影响于无形之中，这完美地阐释着世界上任何事物都是出于发展变化中，小至个人生活，大到国家命运，毫无例外。基于此，春秋时期著名哲学家老子凝练出他的著名观点——"无为而治"。他用水往低处流的例子说明谦逊是一种美德："上善若水。水善利万物而不争，处众人之所恶，故几于道。"孔子认为老子潜龙于水，会突然跳出水面，腾云驾雾于仙境。因某种特定的伟大壮举而获得的最高荣耀就是羽化成仙。

地为阴，天为阳，这是中国人的世界观。作为天空的象征和其中的主要星宿，太阳滋润万物。因此，太阳作为万物之母一直备受崇拜。所有的建筑规划，比如房屋、宫殿和城市，都是这样布局：坐北朝南，向着正午太阳的方向。即使在某些地方，山峰、河流或者街道不是这种方向，政府建筑、庙宇和祭坛仍旧保持坐北朝南的方向。在中国，需要井然有序、中央集权和思想统一，这种要求被严格地应用到了建筑物的布局朝向中。

这种建筑的设计理念也在人们的日常生活中发挥着极为重要的影响。即使在小家小院中，为显示尊重，主人要在门口接待客人，并顺着大堂的中轴线把客人带入厅内。主宾入座和交谈，都要面南而坐。官府中接待高级官员的程序则更为隆重。宾客顺着长廊直行进入内院，经过三四道甚至是五道门廊，到达主厅，然后按照繁杂的礼节和顺序方能入座。大范围的宫殿和庙宇都要使用轴线设计。在宫殿和庙宇的正殿中，菩萨塑像或者家族的祖宗牌位都要面南。僧侣、官员和信徒在诵经、祭祀和朝拜时，都要竭力避免北向。人死后要葬在南面。在城镇建筑中，城门以中轴线方向要左右对称，街道要垂直延伸到城墙。按照中轴对称的理念建造的城市中最有影响力的就是北京，以标准的南北向轴线为对称轴，城市被一分为二，皇宫坐落在中轴线上，景山脚下则被对称分布的五座峰亭紧密环绕。每逢皇帝生辰或新年，当官员和臣民在庙宇、城镇、乡村面北朝拜时，皇帝则面南坐在他的宝座上享受万民朝拜。皇帝是天子，是统治者。

天地水三体合一的观念经常被应用于艺术作品中。后来，苍穹替代太阳，阳光晕染云层，云海散去成空气，岩石于波光粼粼中和云雾相得益彰。这是多么有意思的构图：不断变化的现在、生动清晰的历史和无法预测的未来。三体合一的观念有它独特的魅力，向我们展示大自然内外和谐相处的优美画面。人们用图解的形式阐释美丽，可能不是源于强烈的自然观感，而是源于中国艺术的独特魅力和他们的哲学思想与道德原则的亲密关系。我们对自然景观的感受被解析升华成一种约定俗成的含义，美景、群山、高原、平原、水、方位和风向以它们本身的意义被应用于建筑构造中。

这种构造方法就被归纳总结为一种精华准则，即风水。这种概念的字面意思从广义上讲，就是说建筑和它周边的环境存在一种密切关系，自然景观和建筑美观及居住者的幸福感都是互为影响的。一个建筑需要的完美地基都是先天性的，比如在山坡上建造一座大的寺庙，阶梯要依势而建，而不是要直达峰顶。唯有如此，寺庙才会被山峦护卫。寺庙的其他侧面同样也会被其他山峦护卫。寺庙的正面最好南向，这样才能将山谷和平原尽收眼底。在附近群山的峰顶上，一般在主峰峰顶，会建有宝塔、小寺庙和峰亭。它们顶天立地，是神奇力量的化身，人们一般都想象这些宝塔和峰亭能凝聚喷涌而出的神奇力量。由于群山、河流、山谷和建筑按照理想中南北向的中轴线排列，中国地理就认为它们具有某种神奇的超自然力量。

北京城的地理位置和规划设计不仅遵循中国人的建筑规则，同样也符合西方美感和适用性的定义。在周边的群山里，有很多富丽堂皇的庙宇，西山最为著名，其中碧云寺是最为壮观的。沿着这条长长的中轴线，有一道道门，一进又一进的院落，还有大量的东西对称的建筑。轴线不再严格地沿着南北向，而是顺着山脊的方向转向东南。这种方向上的调整是刻意的，因为北京的内城离这儿大概有三英里。从密布着塑像和建造着五座塔楼的汉白玉宝塔的平台上，从庙宇的至高点上，穿过郁郁葱葱的树林，人们可以眺望到远处模糊的画面：富丽堂皇的宫城横卧在平原之上，塔楼和宫殿直上云霄，这些绿的、黄的、蓝的琉璃瓦将清晨的第一缕阳光反射到这里的寺庙和宝塔上，然后再把圣洁的光芒带回北京城内。这里有很多尊汉白玉雕刻的佛像，上帝把宝塔的平台当作宝座，人们从中可以感受到佛教中西方极乐世界的美丽。这些神圣的庙宇和宝塔要么环绕西山而建，要么矗立在平原，形成庞大的宗教建筑群，环抱着北京宫城，为她祈福。

　　离北京城稍远的山峰脚下，有三处明清时期的皇家陵墓群。它们与北京城仅有一天的路程，它们互相远离，又与北京城的景观达成某种特定的内在上的统一。所有的陵墓都在群山环抱中，并紧挨万里长城。长城在崇山峻岭中间蜿蜒盘旋，这里有大量的各成一体的墓穴和庙宇。每一座庙宇都隐没于岩石和灌木密布的山谷中，都有数不清的庭院和建筑。陵墓的顶端都建造了富丽庄严的宝塔。陵墓园区由灌木丛环绕而成，每座陵墓的轴线被汉白玉大门、石桥、柱子和大汉白玉雕像分割成几个部分。陵墓置于长城的保护之下，不用担心来自北方少数民族的入侵，历代皇帝把此作为他们的安息之地。在北京城的北部，也是华北的黄土平原，从这里，他们死后，皇帝向南依旧可以俯视这片辽阔疆土。在任何时代，任何国家，没有任何文化能把建筑观念贯穿那么极致：神圣庄严而富丽堂皇。

　　当然这是中国北方，中国建筑史上宽敞的庭院规划首先在这里发展起来。一些政客和殖民者在公元前几个世纪前就开始向西亚扩张，并在处理各种事务时就逐渐地传播中国的理念。因此，在中国北方，尤其是在皇室，这些建筑理念更多的是把富丽堂皇的建筑样式和自然的极致景观杂糅在一起。

　　康熙帝在热河修建了规模庞大的宫殿：热河行宫和寺庙群（现在叫承德避暑山庄）。他的孙子乾隆帝仿照西藏喇嘛庙的形状建造了更多的喇嘛庙，其中的一些庙宇甚至使用藏语命名，比如，小布达拉宫，即普陀宗乘之庙；札什伦布寺，即须弥福寿之庙。这些喇嘛庙建于山坡上，面对山谷。寺庙的中轴线正对皇家花园和宫殿，并建造了高尖的宝塔以突出地位。这个建筑群充分地利用了大自然的鬼斧神工，并与中国的建筑理念浑然天成。在对每个独立的庙宇的研究中，我们能清晰地认识到中国宗教建筑的象征意义，亚洲内陆和中国的宗教理念在这里互为融合，相辅相成。

　　热河喇嘛庙最重要的主体建筑是有方台的中心建筑，每一边的中间都有大门，这是佛教精神的一种体现。圣塔就是如此设计，有四座门，四个角塔，好比把一个处于视线中的圣城从四个不同的方位进行了分割。有时，也会在大门上建造角塔，因此一个象征性的数字"8"出现了，这意味着佛教教义和中国传统观念的冲击和碰撞。古代中国人把"中央"算作一个方位，与东、西、南、北一起，再加上东南、东北、西南、西北四个方位，就构成了一个很重要的数字"9"。在普乐寺，一个圆形建筑矗立在双层方形平台上，有点类似于北京天坛，也是覆盖着蓝色的琉璃瓦。这种圆形建筑代表"阳"，是天的象征，方形平台代表"阴"，是地的象征。它们在一起就展示着中国二元性思考和合二为一的理念。在方形底座上有 8 个瓶装形的宝塔，颜色各不相同，分别位于底座的四个角上和四个边的中间点上。被四个大门环绕的柱廊喻示着人们在这座宝塔里要用这样的世界观进行思考。小布达拉宫是一种防御性建筑，藏传佛教认为宝塔拥有牢不可破的围墙，永远都不会被邪恶势力侵袭。

由于政治和宗教原因，对于大多数国家而言，藏传佛教是不被人熟知的，也完全不被某些学者所接受。但在中国，至少在中国的北方，皇帝特别赋予藏传佛教特定的优先权。处于亚洲地区海拔最高的居住区的西藏，一直吸引着中国人的注意力。喜马拉雅山和昆仑山作为所有山峰的始祖，有源源不断的力量，有数不胜数的神话和传说，也是人们距离上天最近的地方。出于对世界最高峰的崇拜，内陆的中国人对山峰一直在探究。西藏凝聚了人类的最高智慧，世人对西藏的崇拜一直很明确很清晰。

在中国，圣山的理念来源于宗教和土地的关系。天下被五座圣山按照方位分割，在南、北、东、西、中各有一座圣山。它们在各自的区域里都是最高峰，自远古以来，因为它们的巍峨和神圣，一直受人瞩目。圣山观念能最大程度地表达中国人的想法：内心和自然融为一体。再深一步说，普乐寺中一个中央建筑被四座角塔拱卫的设计理念就清晰地表达了这种圣山的信息。整个国家就是一座无与伦比的庙宇，是一个大地上的建筑。中国人形成这样一种理念，并为每座山峰创造了映像，比如，在不同的方向开通可以直达的大门。在陕西，西岳华山的五座主峰就是按照南北向天然地排列，并以此佐证了这种建筑理念。

这些圣山吸纳和协调天地之间的不同力量，那里有很多庙宇，变成了数不尽的朝圣者每年去朝圣的目的地。无可厚非，它们作为最高点，矗立在大地上。在山脚下，分布着很多庙宇，中轴线正对峰顶。长方形的建筑城堡有围墙、城垛、四座大门、八座宝塔和柱廊，牢不可破，共同护卫着中间的圣地——正殿。这些建筑本身既是整个世界体系，又是精神体系的缩影。

在东岳泰山，人们要沿着天梯才能到达南天门。在四个不同的方向有四个出口，象征世界的体系。作为最高之神的寺庙——玉皇庙建造在最高峰顶，这里天地相连，云雾缭绕，好似人类的灵魂。站在众神之间，透过泰山峰顶的云雾，眺望那辽阔的平原和水光粼粼的黄河转弯处，这些使我为之倾倒，瞬间从尘世中超脱出来，找到道家所描述的仙境圣地。

佛教徒吸纳五岳圣山的理念创造了"佛教四大名山"。它们是佛教精神的具象，是宗教信仰的指明灯，它们将地球分成四个部分，四个菩萨以此作为道场普度众生。佛祖在中心位置，是没有实体的，它存在于大地和人们心中。只有通过四大名山才能追随佛祖的踪迹。佛教的四大名山和中国的五岳圣山都来源于大自然，但它们的含义却各不相同。两种文化水乳交融，诞生了最有意义最为独特的数字"9"。

作为藏传佛教的精神世界中心，五台山包括五座圆顶山。山之间，有一条宽阔的山谷，那里有寺庙群拱卫着一座巨大的白色佛塔。通过宝塔的建造、建筑的装饰及对它们的描述，人们无休止地重复数字"5"和自然之间的亲密关系。在寺庙靠前的位置，五座镀金佛塔代表着五岳圣山，这些数以千计的小浮雕佛像充分地表现了人类精神世界和宗教世界的丰富。在青铜器上出现的"二龙戏珠"形象比较模糊，同样的形象在河北省一个青铜屋顶上也出现了，昭示着强大的生命力。龙飞腾跳跃，不断追逐着苍穹中最神圣的珍珠。

在佛教圣山峨眉山的山顶，人们感觉与神只有一步之遥。它屹立于中国遥远的西部，离西藏很近，与印度遥遥相望。峨眉山金顶上的悬崖峭壁直冲云海。当日月星散发光芒，圣光闪耀，就成为人们所向往的西方极乐之地。"这里离天堂只有一步之遥，在峨眉金顶，我要设宴款待。月光皎皎，我将邀请月亮女神和其他众神饮酒吟诗。远离尘嚣。我手持禅杖，我是禅师。我相信，思想至高无上。我要乘风西去，到达天际。"（此处为作者引用其他相似情境的诗句来表述。——编译者）在峨眉山，我曾经与僧人相处了一段与世隔绝的日子，在精神上收获甚丰。僧人们每日敬香、诵经、与神交流，是受了凡人的委托。前段时间，在去南海佛教圣地普陀山的时候，我也有同样的感觉。那里的僧人也是如此，远离世俗，不问世事，甘心去做凡人和神之间的桥梁。这两种佛教理念混在一起，貌似一种精神轴线穿越中国。在峨眉山的不远处，长江在此经过，而普陀山又离长江的入海口不远，因此，这个精神轴线的魅力通过长江向世人展现出来。

在中国，凡是建在山峰或岩洞上的庙宇，在它们最突出或最合适的位置都布满了很多雕刻的神像。圣山满足了人类的诉求，河流也要给人类展现它自身的宗教魅力，天然的岩石和洞穴里有很多特殊的圣庙，在那里它们能和神直接交流。在山西北部辽阔的黄土地上，有数不清的岩洞，其中有一个最大的洞穴通向古老而悠远的山谷。这个洞穴里，有三十多座寺庙，都隐身于这片狭长地带里。这里凝缩着山峰的精华，是朝拜者的圣地。当这些朝拜者直面自然界的奇异美景时，会感觉到离神很近。上天创造洞穴是为了让佛祖有安身之地，也方便远道而来的香客们进行朝拜。佛祖从山峰中汲取隐秘力量，通过佛像和千佛崖向世人传达这种力量，在有河流和道路经过的地标性方位上，岩石上的佛像总是又多又高大。（四川省）广元县城对面，河边的岩洞中有一座大佛，它吸取山峰之灵气，以此护佑着这座城市。神像存在的意义就是：释放神力，美化环境，普度众生。

岩洞里到处充满着智慧和神圣。一句古老的谚语说道："进入暮年，走进深山，持续修炼，即能成仙。"那些僧侣探究自然的本质，寻找最佳方位去建造庙宇，并用他们丰富的内心世界去感化。远离世俗尘嚣，在这里沐浴圣光。正如寺庙中所刻：山清水秀，佛祖常来驻足；明月清风相伴，智者参悟天地人生。

一方水土养一方人，这是毫无疑问的。这片乡土孕育圣人，圣人也影响着自己的故乡。这种规律非常普遍，比如，一个将军或一个诗人因为骁勇善战或雄才伟略而有了举世瞩目的成就，他的家乡也会因此享有盛名。在某种程度上，这个圣人就是当地的神。当地的人们就会竖碑来纪念他，也能更好地去平衡圣人精神和自然世界的关系。这些建筑扎根于大地，位置总是合乎风水。石碑矗立在道路两旁，宝塔暴露于城墙之外，祠堂隐于各种不同的建筑之中，极少示众。这些建筑或在平原，或在山峰和峡谷，依势而建；或者藏身于群山和密林，与大自然融为一体。

秦岭山脚下，庙台子街道上有一座非常著名的祠堂——汉留侯祠，是为了纪念中国汉朝的宰相张良而建。祠堂里有张良整个人生记录的完整记载。直到现在，他仍然被当作家乡的守护神而受到敬仰。这个祠堂周围有密密匝匝的竹子、松树和柏树，人们在其中能强烈地感受到祠堂的静谧和幽深：这里远离世俗尘嚣，在这里生活几日，肯定会寻找到精神归宿。这些建筑大到整个设计规划，小到细节上的精雕细琢，无一不体现着祥和。弧形的小亭装饰在屋顶，极少有一个地方能让我如此震撼：这个祠堂的内在和外观如此协调，就像滋生于大自然中一样。

中国中部的建筑则更加迷人。这个地区的建筑不如北方平原的布局规划大，更方便依偎于大自然之中。四川省是最典型的，也是中国最美丽最丰饶的省份。由于大自然的独特优势，勤劳的四川人民绘制出一幅建筑与美景的优美图画，谱奏出无法超越的优美乐章。起伏的群山、丘陵和平原，数不清的河流，充沛的雨量，温和的气候，肥沃的土地等先决条件为四川人民提供着舒适的生活，让他们的内心安稳祥和。对生活和大自然的热爱激发了四川人民的艺术想象力，他们让创造更富有诗意，对色彩和建筑形式也更有追求。除此之外就是被上天赐予祥和和福祉的这片土地。在去往四川的路上，人每走一步，都会为数不胜数的艺术作品而迷醉。

四川省的庙宇数量之多要远超其他省份。大片大片茂密的丛林环绕着这些建筑，琉璃塔在建筑顶上，香炉遍布庙宇和庭院的每个角落，在祭坛和坟墓周围有旗杆围绕，城墙和城门威严肃立，路边随处可见土地庙和财神庙，还有数不清的纪念碑和碑文，红色砂石的牌楼和亭子，这些都让大自然变得更加立体生动。还有很多地方值得观赏，比如瀑布、岩洞、岔路口、在山口建造的供奉山神的祭坛，以及各种丰富内容的铭文（记录历史大事，歌颂山川秀美和对佛祖的向往）。一处处优美的自然风景、一座座山峰、一条条河流、一片片平原，都有美丽的神话传说，这全归功于四川人民丰富的想象力。这些有意思的名字和故事被一代又一代地传颂下去。因为拥有这些美丽壮观的建筑艺术作品，这片土地成为了活历史。作为自然景观的一部分，在很大程度上，庙宇能帮助人们认识到天人合一的理念。

大约在基督诞生时（公元前后），由于排水系统合理和灌溉方法得当，成都平原从贫瘠之地变成沃野。这个天才计划的创始者是李冰和他儿子李二郎，他们备受四川人民的爱戴和敬仰。四川省的稻米产量居中国之首，为了纪念这对父子，人们在路边、山坡、山谷、田间、村庄和城镇里修改了庙宇和祠堂。在玉垒山，岷江河畔——他们建功立业的地方，有一座二王庙，堪称中国最美丽的庙宇建筑之一。

它建在河边陡峭的山坡上，占地面积大，有数不清的阶梯、前院和大门；还有非常多的庭院，每个庭院里都有正殿、厢房和祠堂；这对父子的塑像端坐正殿。二王庙集魅力和财富于一身，美轮美奂，无与伦比。从远处眺望，壮丽的屋顶和宝塔在丛林中若隐若现。流水赐福，高山庇佑，殿堂林立，真是人间天堂。

当我们置身于这些庙宇中，能让人感到平静和祥和。这些与灵魂产生共鸣的感觉从哪里来？我们一直在寻找答案。我们不仅能感受到宏伟的建筑和大自然紧密相连，还会被如此美景所折服。每一座庙宇，庙宇上的各种装饰和图纹，都有着特殊的含义，细节隐藏于设计之中，方能唤起心灵的祥和。中国的大殿几乎毫无例外地都是严谨而整齐的水平线条和垂直线条，或者是柱子，或者是横梁，或者是檐口，或者是屋脊。它们不像希腊的庙宇那样有三角形的屋顶，却比较像他们的山墙；使用宽阔的屋檐而不使用山墙，具有特殊的意义。如同古希腊和古罗马的艺术作品一样，不管是水平线条还是垂直线条，都被勾勒出来。在中国，通过建造二层或三层屋顶去强化这种艺术气息。在屋顶的夹层中，再添加新的垂直线条。整体建筑框架越清晰、线条越丰富，装饰就越多，就会被注入更多的艺术生命。建筑线条分解愈加细致，尤其是庙宇的屋顶被拆解成一部分一部分，艺术的生命力愈容易展现。屋顶和山墙的装饰丰富多彩，正面则有很多几何形的窗格和精致花样，屋顶下一排斗拱形式多样数量繁多，柱廊的设计使光影在这里得到充分展现。

中国建筑最引人注意的地方就是屋顶的平面和线条的结合，它们赋予建筑生命，并达成明显的艺术效果。这种设计在简单的建筑中无法展现，但在中国中部和南部一些非常重要的庙宇和官府建筑中就显露无遗，并做到了极致。在各种建筑的屋顶采用面线结合而营造的弧度的建筑手法能得到发展或许有技术的原因，也有历史的原因；但不管怎样，与僵硬的垂直线条对比，由平面和线条结合营造的柔和设计更能与建筑周边的树、山，甚至是天空和白云巧妙地融合在一起。人们自身去追求和谐，也要通过建筑中一切可能的形式去强化人与自然之间的和谐。直到现在，这仍然是中国建筑中最不可忽视的设计理念。

通过各种装饰和各种细节设计去勾画人们心中理想的完美建筑，这种表达艺术和生命的设计理念是中国人独特的需求。我们把这种需求习惯性地理解为是人们日常的行为习惯受到哲学和宗教潜移默化的影响。为了传递人神之间某种神秘的关系，建筑中平面和线条的完美结合并佐以丰富的外在装饰，可以让建筑艺术更好地体现魅力，这有些类似于西方世界的哥特式或巴洛克式建筑的设计理念。

在一些为纪念圣人而建造的石碑上，中国建筑的特征表达得更为清晰。这种特征采用了阴阳调和的理念——简单的基础架构和复杂多变的装饰设计互为结合。山东省是古代寺庙建筑雕刻的故乡，那里有很多非常漂亮的石碑和牌坊。基座、横梁和柱廊上都遍布着丰富多彩的花纹和浮雕。然而，这些艺术作品最初并没有任何艺术表达的意图，仅仅是为了纪念。

在不同地区，石碑的建筑形式是不同的，人们能容易地辨别出来。在中国北方的一些省份里，它们结构简单，比例严格，线条生硬，院落清晰，浮刻凸显。在四川，它们的结构则变得修长。在陕西，碑顶的弧度有了一些细微的变化，浮雕更加多姿多彩，主题变化更加自由奔放。在湖南，线条变得浮夸，水平线条叠加在垂直线条之中。在较远的广东省和广西省（现广西壮族自治区。——译者），在装饰物里添加了印度风情。特别在湖南和四川，单门和双门牌坊的主题效果多见于高墙上的深浮雕，许多建筑飞檐的边缘和棱角镶嵌了蓝白瓦片，与向上拱起的屋顶互为烘托，显得生动活泼。

宝塔，隐含着佛教教义，是佛教普遍法则的灯塔。虽然它来自印度，但佛教徒发展了中国元素。不断加深和丰富的中国元素，与之融为一体，成为中国式建筑风格中不可或缺的部分。然而，它也吸纳了一些外来元素。中国建筑风格最主要的特征之一就是殿堂的高度不会有太大变化，平台的面积会越扩越大。那些坚固实心的宝塔就有别于中国其他建筑。与中国自身的建筑和景观对比，这些不规则的宝塔就和周围的环境格格不入。这些有可能是引自西方世界。一种带着强烈的个人主义色彩的理念在中国得以传播，并以此征服了整个远东地区。中国人也乐于使用这样华丽的宝塔设计理念。这也从侧面证明了中国传统的建筑理念不再是那么完美无缺，中国人自己一直在渴求变革。中国人仍旧在建筑设计理念中保持着对土地的信赖，并且永远都不会放弃，他们不喜欢华而不实。这正是中国和西方欧美国家不同的地方：西方世界一直在建造更高更华丽的交通和宫殿，而中国人则依附于土地，这也正是他们创作的艺术源泉。

佛塔的纯艺术价值是非常突出的。基于自身的体量和高度，佛塔被切割成了好多部分。比如，佛塔层高比例均衡，越到顶端变得越修长，单楣或双楣的设计，柱廊和屋顶上的混合线条，佛塔基座的有序排列，或拔地而起，或直耸入云端。这种建筑最大的魅力就是跳动活跃线条的综合运用，在塔与塔之间，形成大自然生命力的互相追逐。山东的灵岩寺辟支塔、北京的八里庄塔和天宁寺塔是最典型的三个例子。

在四川省，佛塔顶部的线条变化多端。许多建筑的屋脊和屋檐的檐角船垂直向上，貌似要把整个宝塔拽离地面；或者又找到合适的角度下垂，要紧密地依偎在地面。每个塔层和屋脊的装饰令人眼花缭乱。这些宝塔主要用来焚香祭祀。祭坛类似于宝塔，香烟袅袅升起，貌似从烟囱中经过三只蟾蜍的吞吐消失在天际。对线条和弧度的设计追求精益求精，这在中国中部和南部的建筑中很常见。

中国人对土地爱得深沉。他们信奉祖先崇拜，相信死后能得到永生，因此他们总是很精心地选择墓地。风水就起着决定性的作用。人们不断地改造着自然环境，坟墓也成为一大自然景观。广阔的黄河冲积平原因为遍布其上的坟墓而显得很寥落，这些坟墓有大有小，没有任何修饰，有的还延伸到了黄河岸边。在城市里，人们建造陵园，添加了很多艺术装饰。坟墓前竖立着刻着死者名字的墓碑，祭品放在墓碑前的石桌上。在北京周围，风水尤为重要。那里的密林中有很多富人和贵族的陵墓，也有僧侣墓林。皇家陵园尤其是皇帝的陵寝则建造得更加肃穆庄严。

中国北方的一些省份里，墓地被当地的保护神守卫。以京城西部近郊的古代皇家陵园遗址为例。墓地一般都在一些宽阔的地方，那里人烟荒凉，柳树和松柏寥寥几棵，就让这块区域显得比较阴森空旷。在陕西，人们就注意到那些墓碑，不仅外形可观，而且还有很多装饰。这不禁让我们想起中国南方秀美而不失庄严的墓园。秦岭以南，墓地的整体氛围就要好很多。它们背靠山坡，散落在道路两旁，装点着那片土地；为了抢占风水好位置，它们一般都建在城镇以北地区；有时，墓地也会穿过城市，直达河流的另一端，绘制出一幅人文和谐的画面。

佛塔、寺庙和祭坛在墓园里比较突出。尤其是在长江上游地区，坟墓隐没于郁郁葱葱的松林之中。散布在墓地的祭坛上，还有一些奢侈的艺术品。可能的话，还会建造一座小桥，或者与桥类似的建筑物。在墓碑上除了死者的名字外，还会刻上一些警句、对死者的评价、死者生前的成就及埋葬在这里的原因。这种土葬的形式就是人们心中天人合一理念的一种外在展现形式。"这里山川秀美，人们能到达极乐；这里彩云弥漫，星光闪耀；这是一片乐土。""我又重归大地，这里是天堂，我能得到永生。"（注：摘自两座不同的墓碑。）

沿长江逆流而上，一幅壮美的山水画卷在游客面前徐徐打开，其中四川最为迷人。城镇大都在河流的北面，靠山而建。附近如果有长江的支流汇入，那位置就更加得天独厚。比如岷江岸边的嘉定府和长江边上的叙州府，地理位置就相当优越，是福地。山顶上的城墙则会延伸到山峰的北面。城市在山上，山则是祖先的圣地和城市的灵魂之所。在更高点的位置上，会建造道观，他们会守卫着城市。通常意义上，一座城市里有宝塔，就会给这里的人们带来更多的福祉。在城市的不远处，东南方位，风水宝塔依山傍水而建。从那里，人们能看到城市和河流连为一片的壮丽画面。这里有很多的寺庙和道观，里面也有很多的山岩浮雕、摩崖石刻、洞穴祭坛。如果一块土地在城镇的南面，依山傍水，还有岩石洞穴，无疑是完美的福地。选择完美的福地作为城市，很重要。山脊就像院落的影壁墙，包围着庙宇和宝塔，可以阻止外来力量入侵，山中的圣光会普照全城。城市北面的山总是会被艺术化。比如，北京的景山，它位于皇宫的北面，被人为地堆高，已经变成城市中轴线的关键位置。另一个就是在皇宫西面建造人工湖，如果湖在城中或城边，就是神圣的。著名的有济南的大明湖，更著名的则是人人赞美的杭州西湖，那里因建造着大量的宗教建筑而别具魅力。

世界上最负盛名的城市之一就是桂林。这座城市建于广阔的平原上，那里有连绵不断的锥形群山，远远望去看着就像一大片金字塔，赋予城市独有的美丽。在城市北面，利用几座连起来的山峰作为城墙，组成一片保护性的屏障。几乎桂林的每座山上都有漂亮的溶洞，七星岩遍布整个山脉。在城市的东南方向，有一座象形的岩石，把长鼻没于水中，好像在喝水。上面有一座风水宝塔。就因如此，我对这些自然美景的好奇心不断地放大再放大。

广州是广东省的省府，是中国最富有、人口最多的城市。它建于西江北岸广阔的平原上。河流对岸，一座修长的风水宝塔坐落于城市的东南方向。它背靠大山，面向南方，在平原上伸展。镇海楼建于山顶，供奉着城市的保护神。从山上向城内眺望，城市与山峰连为一体。整个城市包括近郊地区，看起来就像山脉上的山丘。这里有数不清或简单或装饰复杂的坟墓。这些坟墓用花岗岩和石灰岩建造，在丛林中影影绰绰。还有很多庙宇建筑，它们的正面就是广州城，所有人死后都要葬于这里。广州城这个特征最明显：人们不仅生活在大自然里，也生活在城镇里，更生活在墓林中，喻示着生死轮回。通过这幅壮观的画面，我们更能深刻地理解人生就是一个轮回。这个永不知疲倦的民族在世俗喧嚣和归于祥和的生活信念的紧密连接中互相融合。

最后还有一个问题："生活中有两种截然相反的理念，即生命和虚无，人们如何认识这两种理念，并将其结合在一起？当面对尘世喧嚣和挽救灵魂的宗教世界这两难抉择中，我们应该如何平衡这种关系？"中国人不会回答这个问题，他们在问题前似乎停止了脚步。我们一行人到达普陀山，在这里凝望着观音菩萨的属地，审视着尘世。行程终止于僧侣墓林中，它位于普陀山的最高峰，墓碑上刻着："生命是个谜，肉身即虚无。"

中国人已经认识到，死亡并不是彻底消亡。探索答案对我们和我们的下一代来说都很重要，是我们存在的力量源泉。在漫漫的中国历史长河中，不断涌现的精神杰作和艺术作品向我们证实，中华民族永远都不会停止求知的脚步。他们安居乐业，保持独立，不断创新，浸润于大自然的祥和中，遗世独立，追求精神福祉。一位德国诗人把日常生活和人类的终极智慧真理紧密结合在一起，我们借用他说的一句话，可以完美地去描述这个伟大的民族："只有理解了极度虚幻的人才能认识最终的现实。"

直隶省

直隶省　万里长城

北京市　八达岭长城（史保嘉拍摄）2007 年 1 月 2 日

直隶省 北京，通往紫禁城的第一道大门

直隶省 北京，天坛圜丘

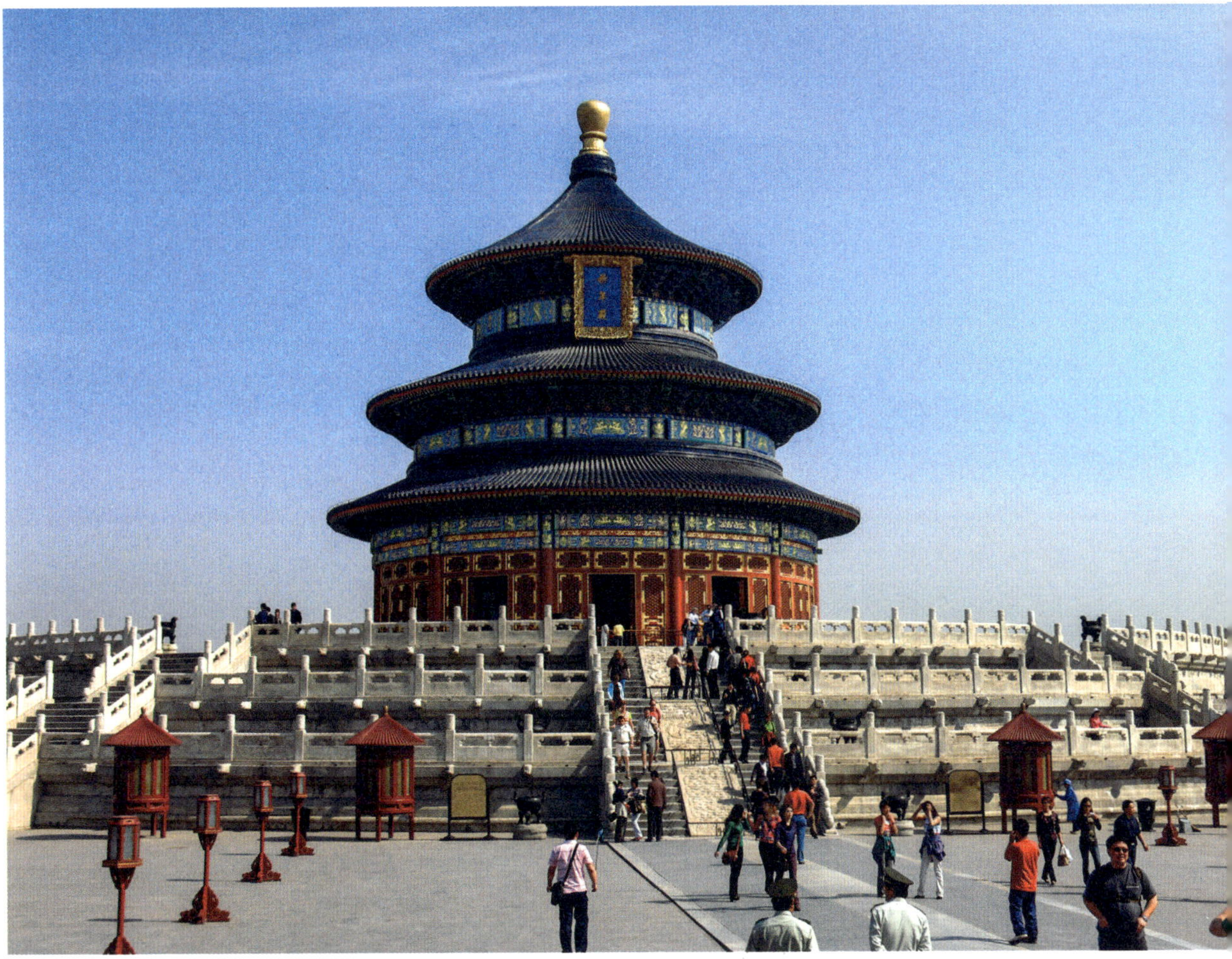

北京市 天坛祈年殿（方非拍摄）2006年5月11日

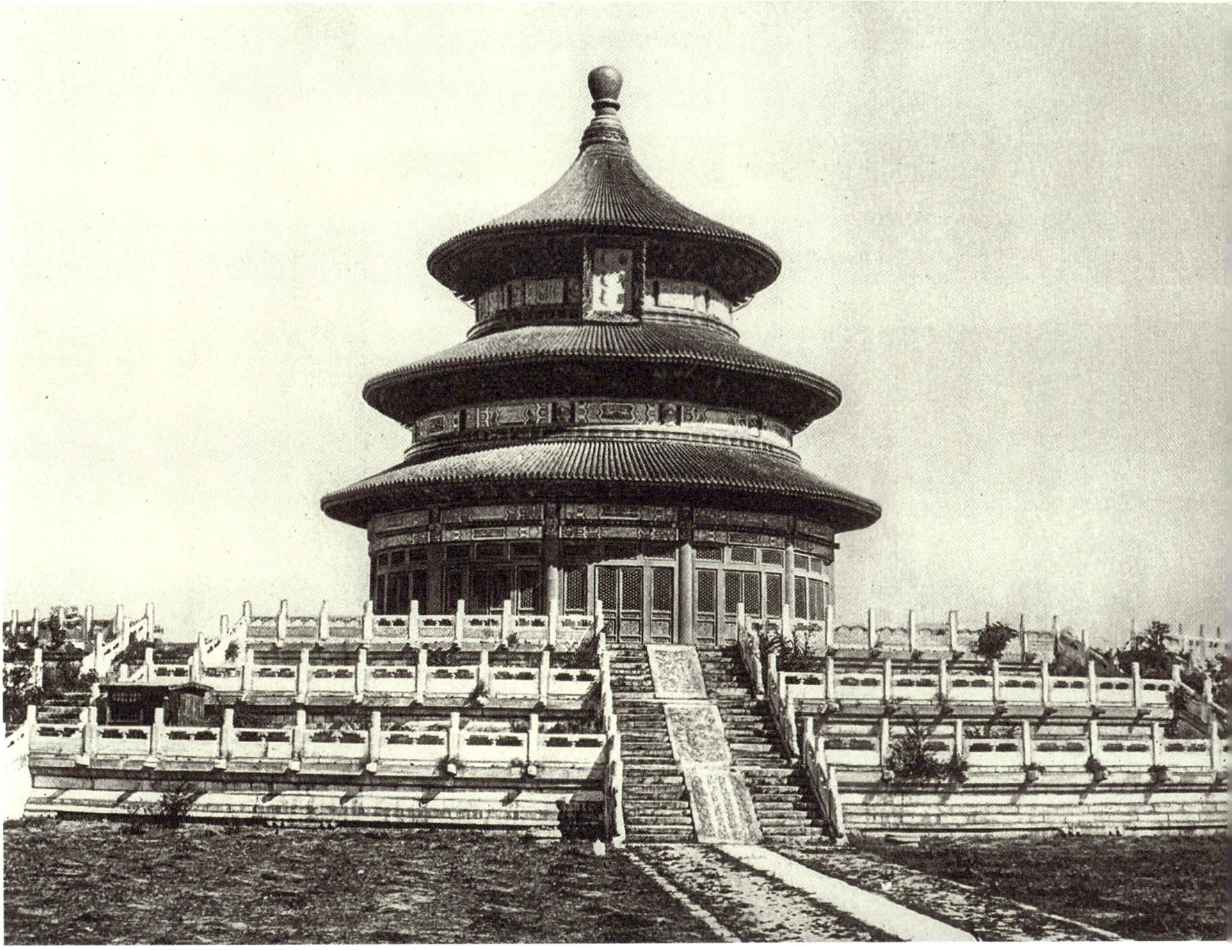

直隶省 北京，天坛祈年殿

直隶省 北京，城墙

北京市 五塔寺 2005 年 6 月 28 日

直隶省 北京，五塔寺

直隶省 北京，天宁寺塔

直隶省 北京，天宁寺塔基座细部

直隶省 北京，八里庄塔基座细部

北京市 八里庄玲珑塔塔座细部
2005 年 6 月 23 日

北京市 八里庄玲珑塔 2005 年 6 月 23 日

直隶省 北京，八里庄塔

直隶省 北京，黄寺石塔

北京市 西山戒台寺 2005 年 1 月 7 日

直隶省 北京，西山戒台寺

直隶省 北京，西山，近处长条形的树丛中就是碧云寺的寺院和汉白玉宝塔

直隶省 北京，西山碧云寺汉白玉宝塔

北京市　西山碧云寺，汉白玉塔前的台阶（赵云鹏拍摄）2005 年 7 月 3 日

直隶省 北京，西山通往碧云寺石塔的台阶

直隶省 北京，西山碧云寺，矗立在白桦林中的石塔背面

直隶省 北京，西山碧云寺，汉白玉塔上部平台

北京市　西山碧云寺，喇嘛塔局部细节（赵云鹏拍摄）　2005 年 7 月 3 日

直隶省　北京，西山碧云寺，石塔上的菩萨（一）

直隶省　北京，西山碧云寺，石塔上的菩萨（二）

北京市　西山碧云寺，金刚宝座塔覆钵塔佛像细部（赵云鹏拍摄）

2005 年 7 月 3 日

北京市 西山昭庙内的琉璃牌坊
（赵云鹏拍摄）2005 年 7 月 2 日

直隶省 北京，西山静宜园的琉璃瓦牌坊

直隶省 华北平原上的中国北方旅行马车

直隶省 平原上的旅行马车

北京市　十三陵神路（赵云鹏拍摄）
2005 年 12 月 17 日

直隶省 北京，昌平南口近郊，明十三陵神道

直隶省 清西陵正门

河北省 易县，清西陵石牌坊细部 2005 年 10 月 23 日

清西陵主入口前的牌坊细部

直隶省 **清西陵的华表**

河北省 易县，清西陵神道上的华表 2005 年 10 月 23 日

直隶省 清西陵神道上的汉白玉桥

河北省 易县，清西陵神道上的桥 2005 年 10 月 23 日

河北省 易县，清西陵陵前，从桥上看神道 2005 年 10 月 23 日

直隶省 清西陵，从桥上看神道

直隶省 清西陵，陵寝前的神道

河北省 易县，清西陵，陵前神道 2005 年 10 月 23 日

直隶省 清西陵陵庙

河北省 易县，清西陵陵庙 2005 年 10 月 23 日

河北省 西山狮子窝（在工棚后面可见当年石桥一角）2005 年 11 月 11 日

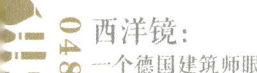

直隶省 西山狮子窝内的寺庙庭院

直隷省　风神庙大门

北京市 朝阳区通惠河庆丰闸的石雕趴蝮（已被迁至北京市通州水乐园安置后的现状） 2006 年 6 月 18 日

直隶省 通往运河水闸边上的石雕龙

直隶省 北京，颐和园石桥的一端

北京市 颐和园十七孔桥一端的石狮子（赵云鹏拍摄） 2006 年 2 月 7 日

河北省 通往承德路上的南天门（图为行宫残基） 2008 年 6 月 2 日

直隶省 北京，通往热河路上的行宫

河北省 承德市，普陀宗乘之庙 2008 年 7 月 12 日

直隶省 从东南面看，热河小布达拉宫（普陀宗乘之庙）

直隶省 北京，平原上某处墓地的入口

直隶省　热河，热河行宫的喇嘛寺庙

河北省　承德市，普陀宗乘之庙五塔白台　2006 年 3 月 25 日

直隶省 热河，热河行宫的喇嘛庙（须弥福寿之庙吉祥法喜殿）

河北省 承德市，须弥福寿之庙吉祥法喜殿 2006 年 6 月 25 日

河北省 承德市，须弥福寿之庙妙高庄严殿金顶 2011 年 2 月 25 日

直隶省 热河，热河行宫鎏金殿顶（须弥福寿之庙妙高庄严殿金顶）

河北省 承德市，普乐寺台阶和旭光阁 2006 年 6 月 25 日

直隶省 热河，普乐寺台阶和旭光阁

河北省 承德市，普乐寺平台 2006 年 6 月 25 日

直隶省 热河，普乐寺喇嘛寺庙内的方台

河北省 承德市，须弥福寿之庙琉璃万寿塔 2011 年 2 月 25 日

直隶省 热河，热河行宫的琉璃塔

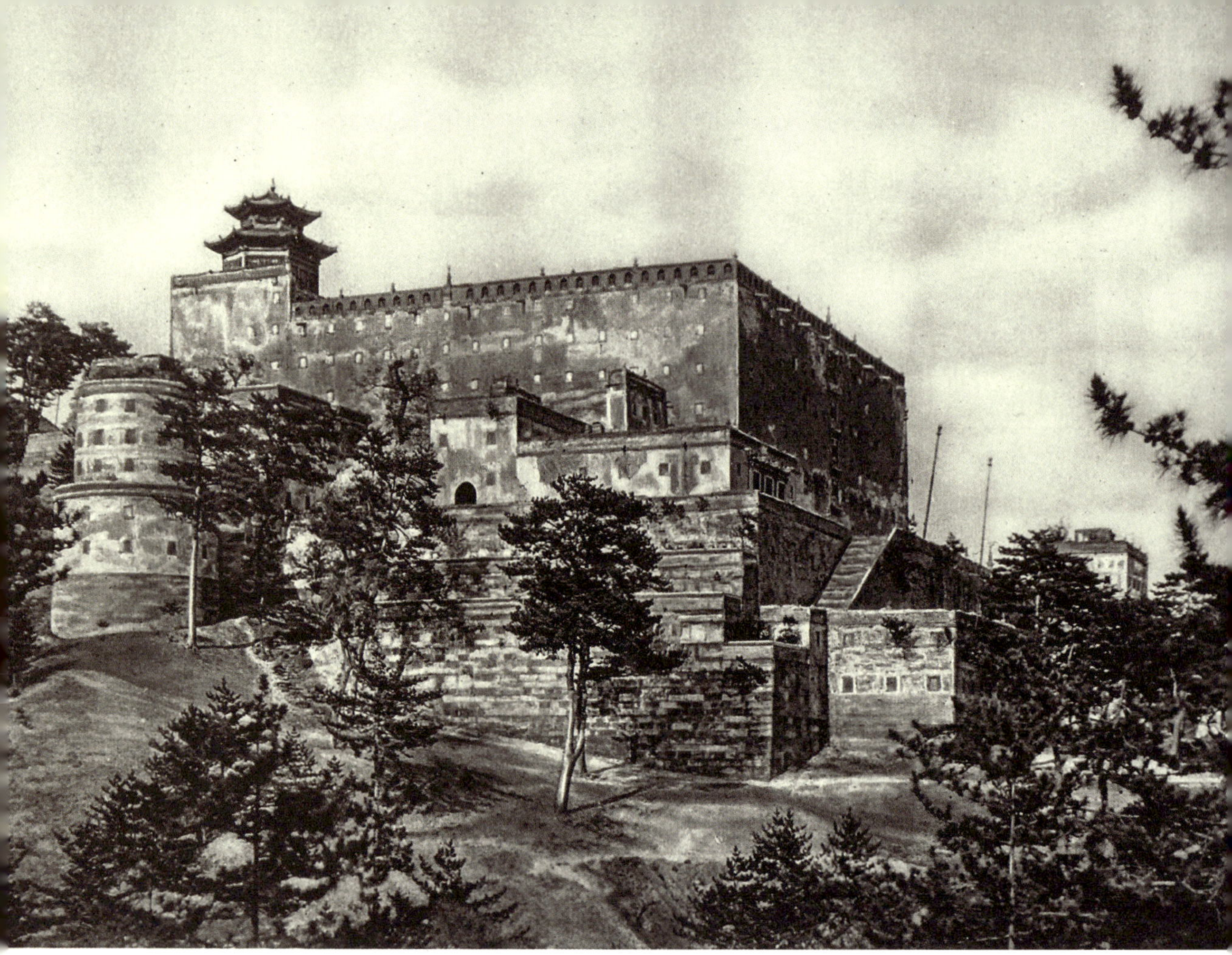

直隶省 热河，从西南眺望，小布达拉宫主殿

河北省 承德市，普陀宗乘之庙 2006 年 6 月 25 日

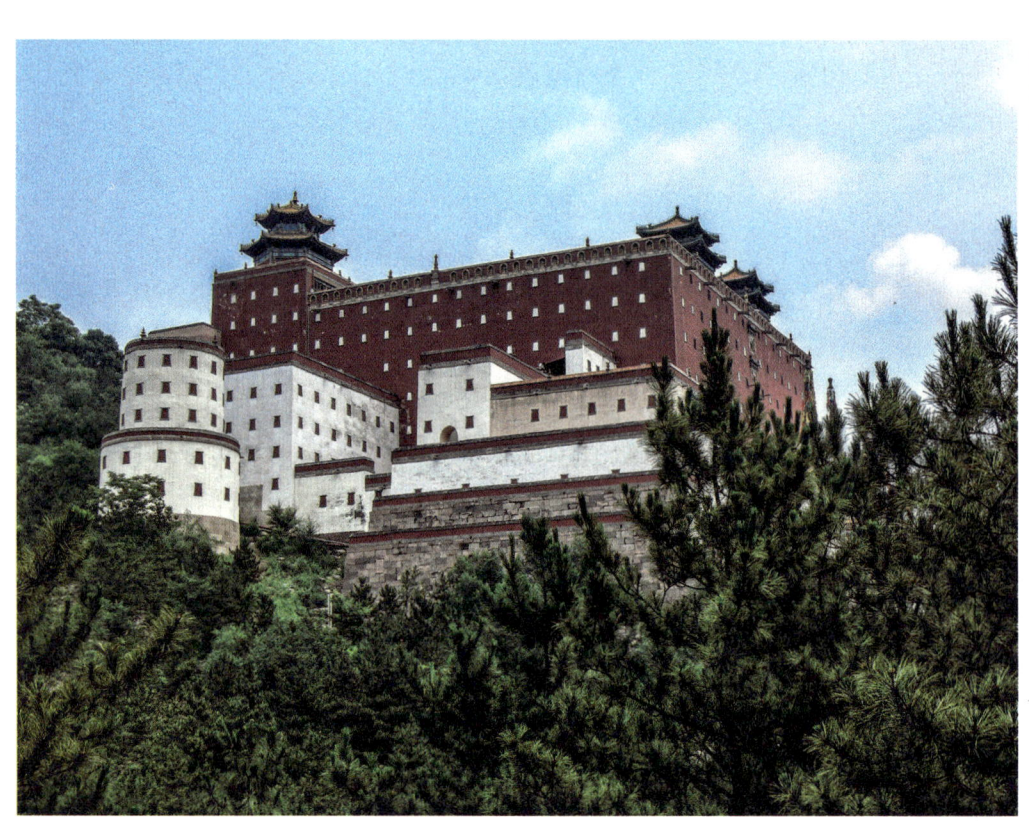

直隶省 从热河沿滦河而下

直隶省 在滦河上航行

直隶省 热河，避暑山庄水心榭

河北省 承德避暑山庄，水心榭 2011 年 2 月 25 日

山东省

山东省　灵岩寺辟支塔

山东省 灵岩寺辟支塔 2006 年

山东省 济南府的大明湖

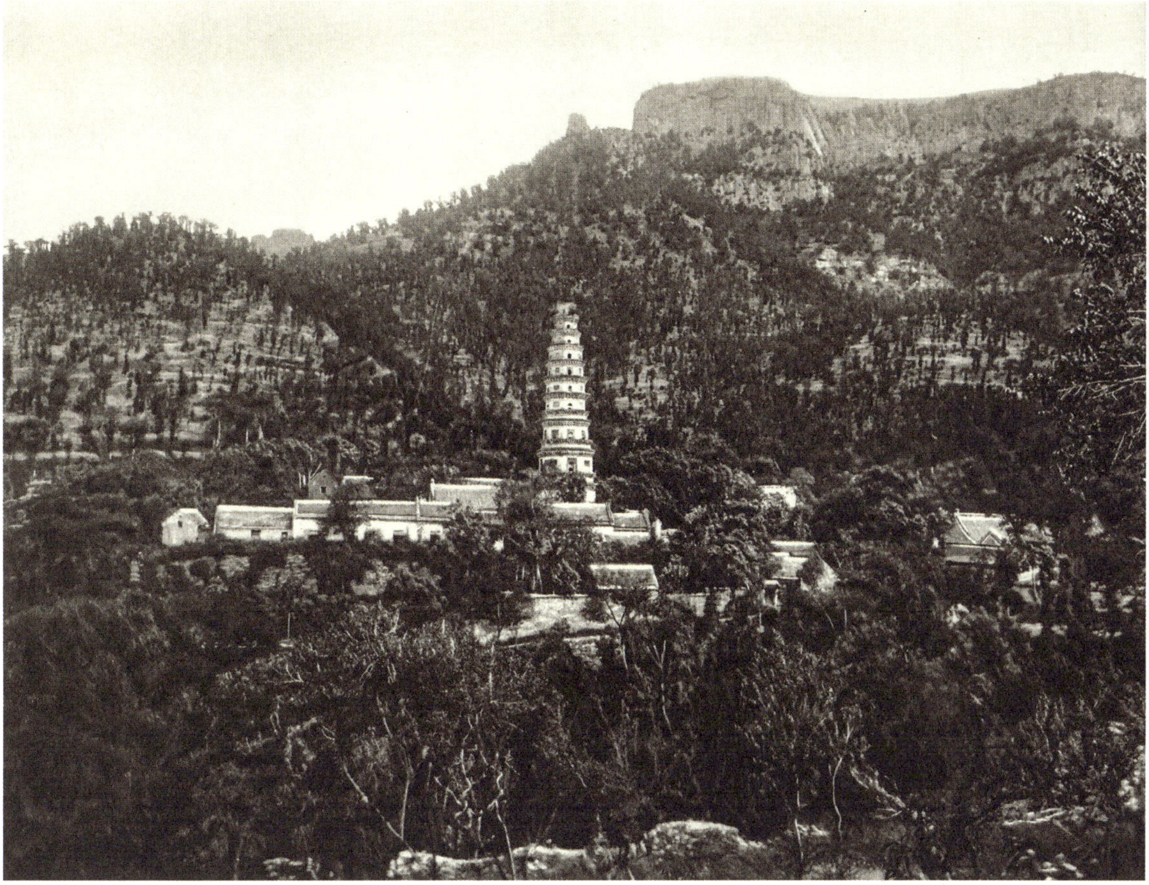

山东省 位于群山环抱之中的灵岩寺

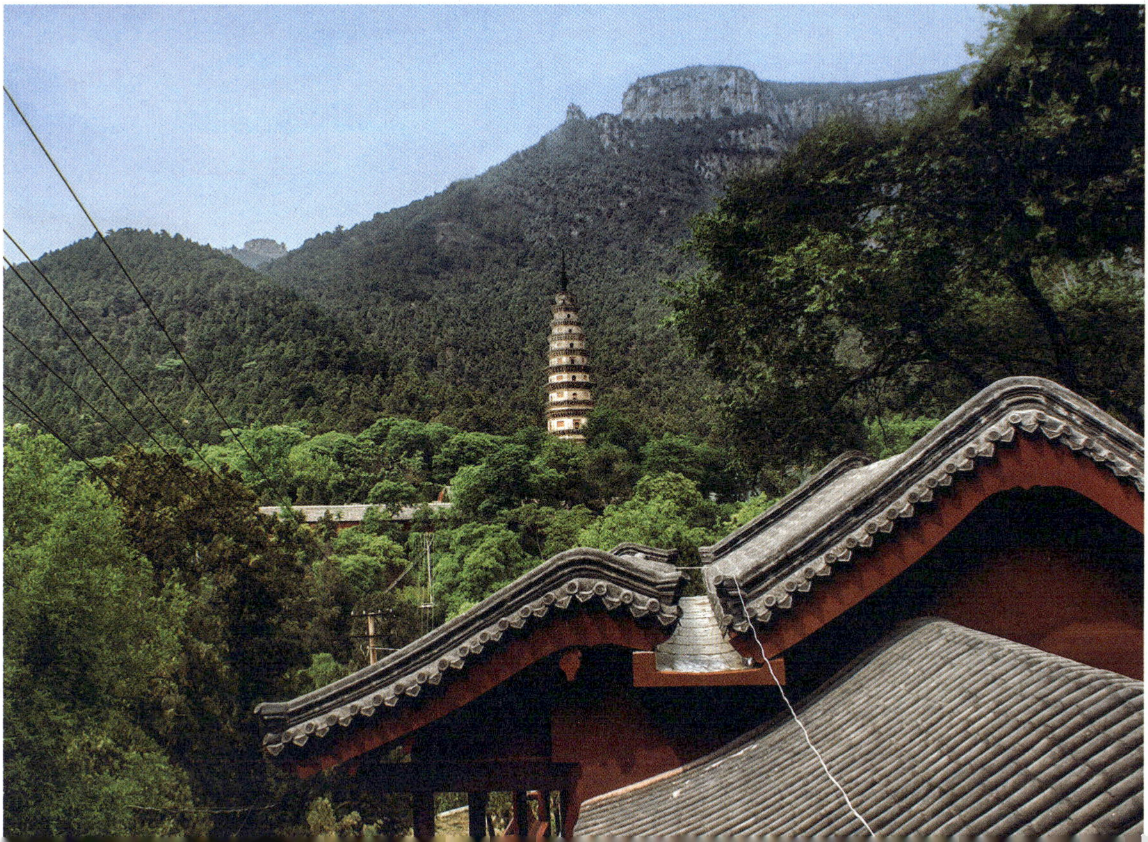

山东省 远眺灵岩寺 2006年

山东省 灵岩寺内罗汉像

山东省 灵岩寺内千佛殿内罗汉像 2006 年

山东省 济南府的大明湖和千佛山

山东省 灵岩寺内塔林

山东省 灵岩寺内塔林 2006 年

山东省 青杨树，泰山娘娘庙琉璃浮雕的殿墙（碧霞宫）

山东省 青杨树，被「废物利用」砌进墙里的原碧霞宫石刻 2006 年

山东省

青杨树，泰山娘娘庙的山墙琉璃残件（这部分可在老照片上找到。——译者）2006 年

山东省 青杨树，泰山娘娘庙的山墙

山东省
泰安府，向北面眺望岱庙

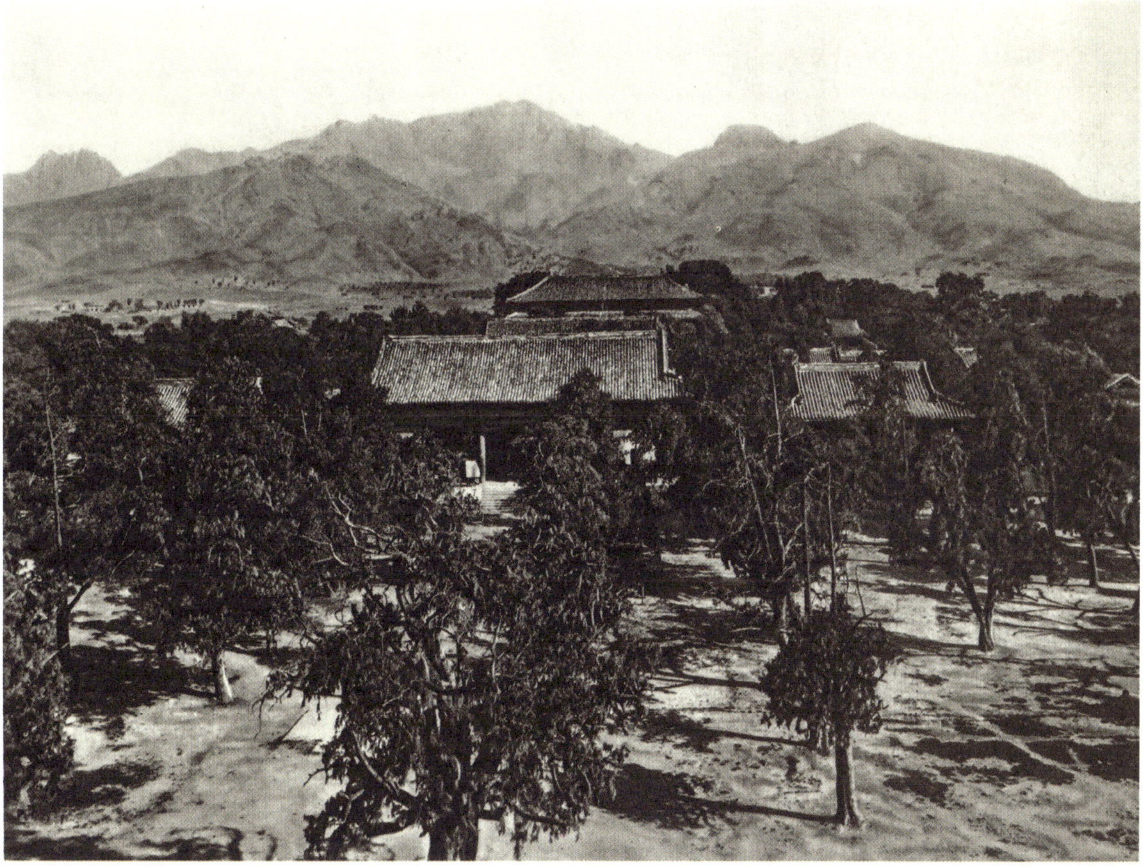

山东省
泰安市，岱庙全景及泰山 2007年7月

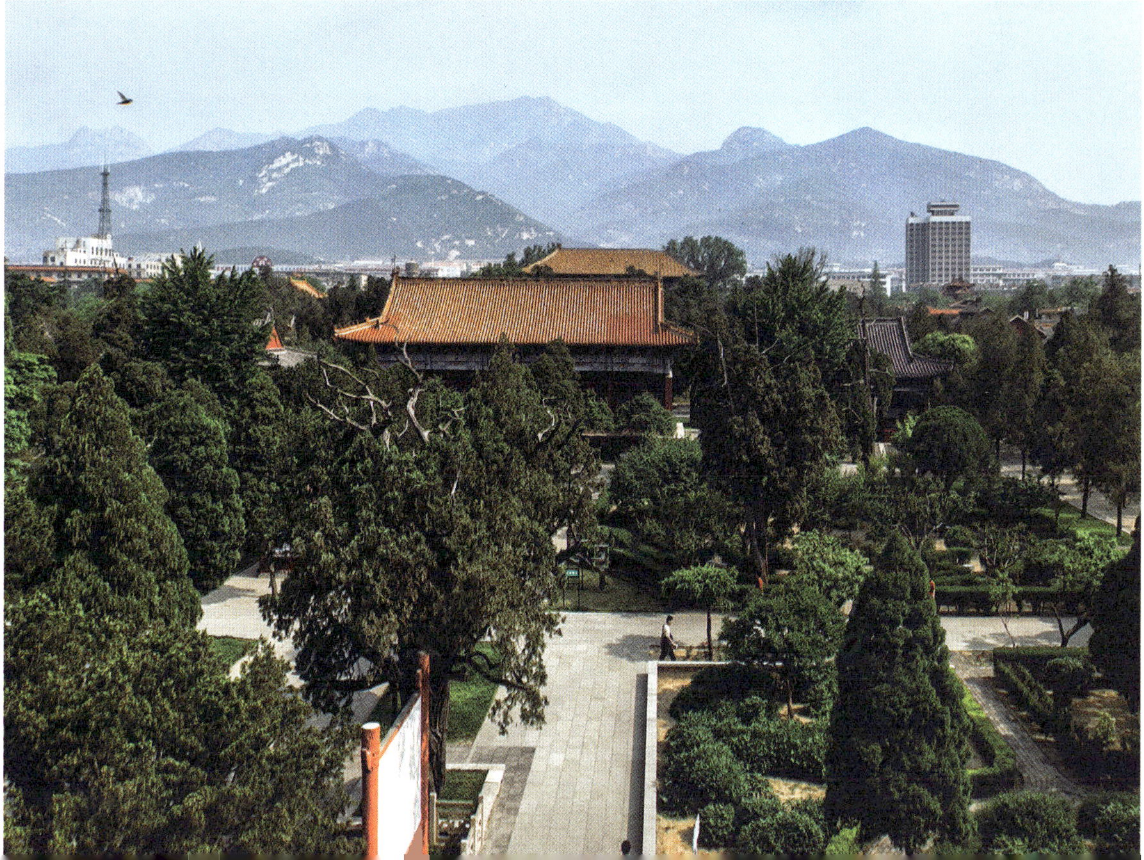

山东省　泰安市，岱庙入口处牌坊和山门前脸　2006 年

山东省　泰安府，东岳泰山脚下岱庙宫门

山东省　泰安府，泰山顶上的碧霞祠

山东省 泰安府，泰山脚下岱庙主殿

山东省 泰安市，岱庙正殿 2007 年

山东省 泰安府，通往泰山顶的台阶

山东省　泰安府，泰山顶上的南天门

山东省　泰安市，泰山顶上的南天门
（史宝嘉拍摄）　2007 年 4 月 10 日

山东省 兖州府，牌坊

山东省 兖州府，牌楼局部石雕

山东省 兖州府，某处的一座石桥

山东省 曲阜市，孔庙大成殿 2006 年

山东省 曲阜，孔林神道上的牌坊

山东省 曲阜市，孔林万古长春坊 2007 年

山西省

山西省　耿镇—高洪口一线的路（无法找到原图相似地形，此图为通往五台山的南线。——译者）2006 年 4 月 21 日

山西省 通往五台山的北线

山西省 去五台山的路上经过长城隘口

山西省 坐落在佛教圣山顶部一个山谷里的五台山寺庙群

山西省 五台山，台怀镇鸟瞰 2006 年 4 月 21 日

山西省　五台山，塔院寺大舍利塔　2006 年 4 月 21 日

山西省　五台山，大舍利塔

山西省 五台山，显通寺后补铸的铜塔之一 2006 年 4 月 21 日

山西省 五台山，显通寺镀金铜塔之一局部

山西省 五台山，显通寺镀金铜塔之一局部

山西省 五台山，显通寺被拆解到工厂镀金的西塔塔基 2006 年 4 月 21 日

山西省 五台山，显通寺无梁殿（老照片原角度拍摄。——译者）2006 年 4 月 21 日

山西省 五台山，显通寺无梁殿（从大殿背面对角线位置拍摄。——译者）2006 年 4 月 21 日

山西省 五台山，显通寺藏经楼

山西省 五台山，显通寺的五座镀金铜塔（当时塔在维修，无法拍到全貌。——译者）2006 年 4 月 21 日

山西省 五台山，显通寺的五座镀金铜塔

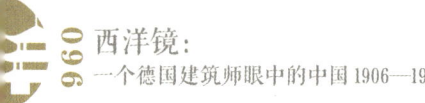
山西省 五台山，十方堂（广仁寺）外墙局部陶瓦

山西省　五台山，十方堂（广仁寺）主殿内的彩色木雕

山西省　五台山，十方堂（广仁寺）主殿内的彩色木雕　2006年4月21日

山西省 五台山，显通寺大雄宝殿

山西省 五台山，显通寺大雄宝殿 2006 年 4 月 21 日

山西省　蒙城的黄帝庙

山西省 崇善寺大悲殿守门的铁狮子 2006 年 3 月 4 日

山西省 太原府，（崇善寺）大悲殿守门的铁狮子

山西省 菩萨顶前面的
石阶 2006 年 4 月 21 日

山西省 五台山菩萨顶的石阶

山西省 太原府，守护汾河的铁麒麟

山西省 汾河独角瑞兽
（张玲拍摄）
2006 年 3 月 13 日

山西省 双塔寺大殿

山西省 太原府，大悲寺的千手观音

山西省　崇善寺大悲殿千手千钵千释迦文殊菩萨像　2006 年 3 月 4 日

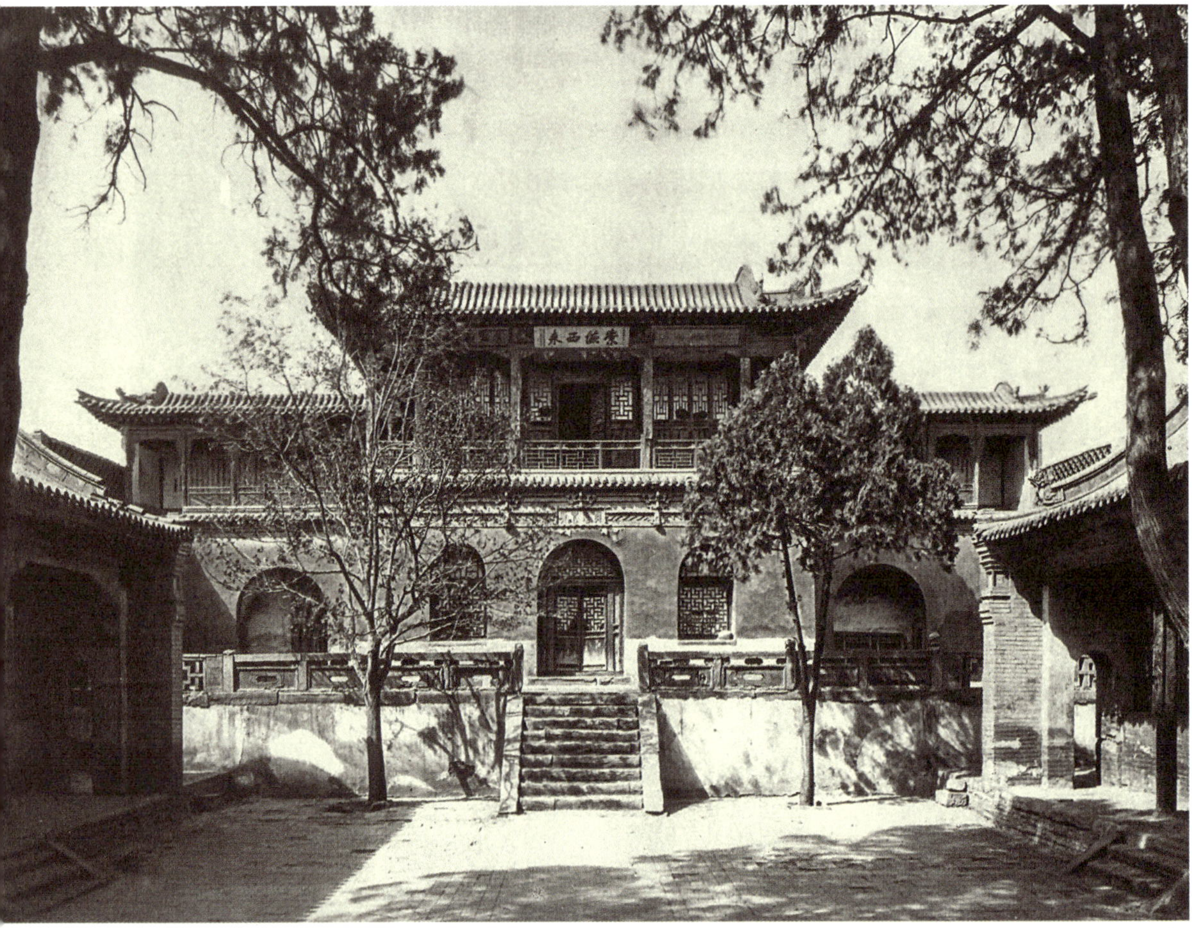

山西省 晋祠，寺庙群某大殿

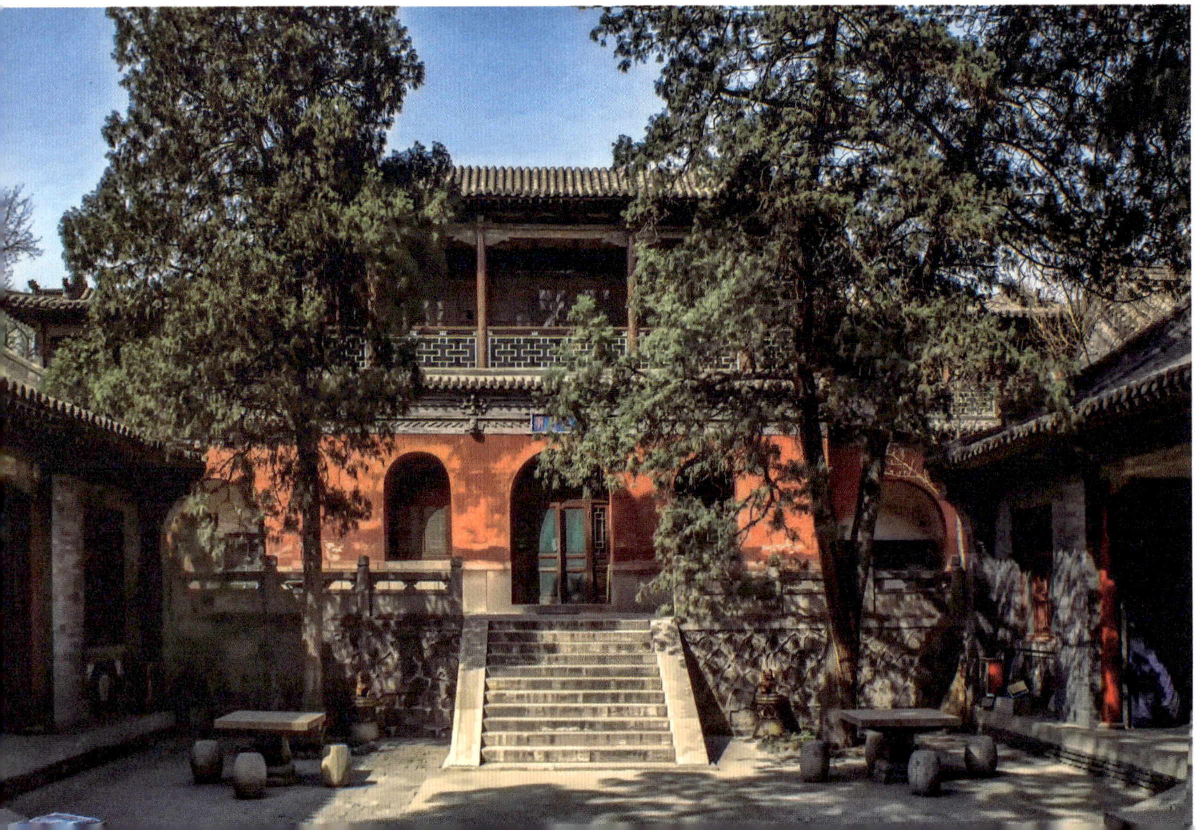

山西省 晋祠某大殿 2006年4月20日

山西省　晋祠某处正殿的底层

山西省 演武镇的民居（杨家大院。——译者）

山西省 祁县，与原图类似的乔家大院（原址无存。——译者）2006 年

山西省 平阳府，尧帝庙大殿

山西省 绵山抱腹岩云峰寺 2006 年 3 月 5 日

山西省　云峰寺坐落于绵山的一处洞窟中（抱腹岩）

山西省 平阳府，黄土路（一）

山西省 大运高速临汾段杨贵妃故里旁 2006年3月6日

山西省 解州镇，潞村盐池 2006 年 4 月 19 日

山西省 解州，潞村盐湖

山西省 解州关帝庙 2006 年 4 月 19 日

山西省 解州关帝庙，在关羽家乡供奉的"武圣"关羽像

陕西省 勉县，马超像 2006 年 3 月 8 日

陕西省

陕西省 勉县，马超庙马超像

陕西省 华阴庙，西岳华山和山脚下的西岳庙

陕西省 华岳庙 2006 年 3 月 6 日

陕西省 华山五峰之中的中峰和西峰

陕西省 白云笼罩华山顶

陕西省 由北眺望西岳华山，图为西峰云海

陕西省 西安府，西安城北门

陕西省 西安府的北城楼

陕西省

西安府礼拜寺，大清真寺的前庭院

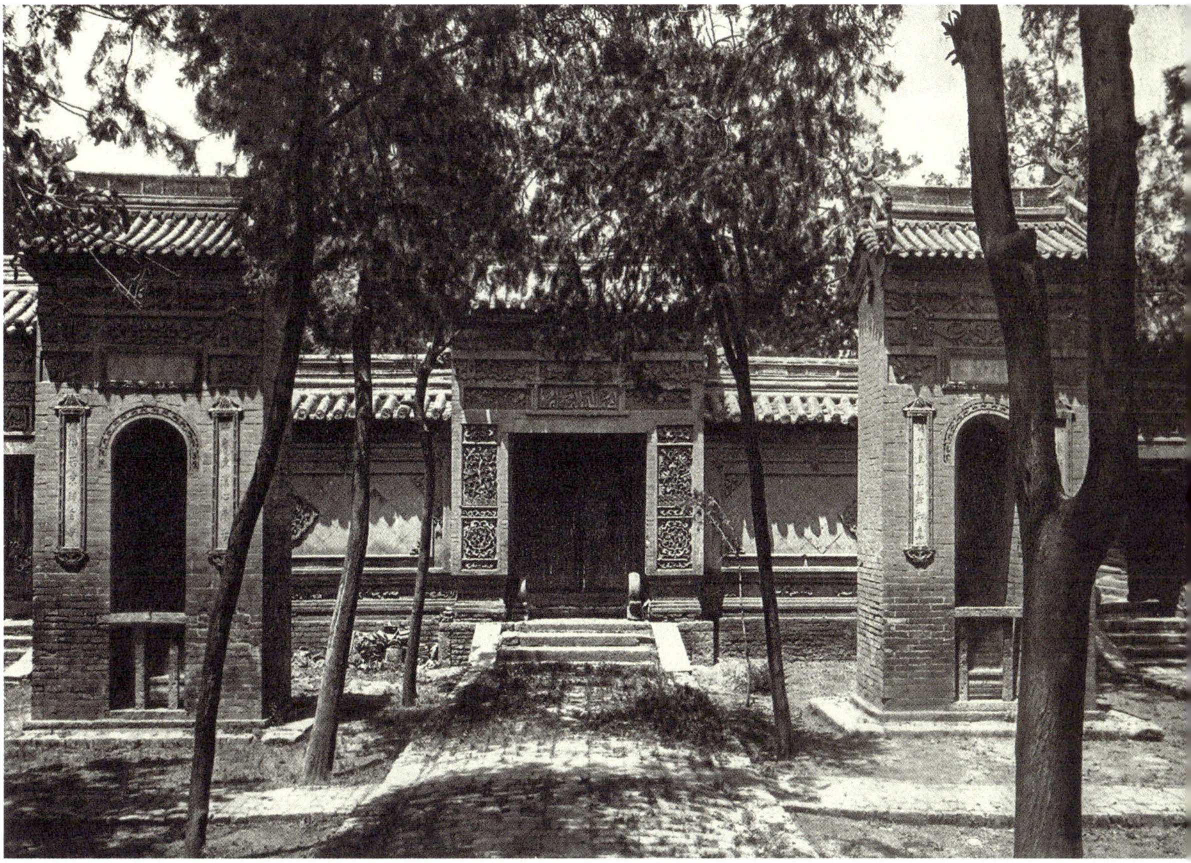

陕西省

西安府礼拜寺，大清真寺的主庭院

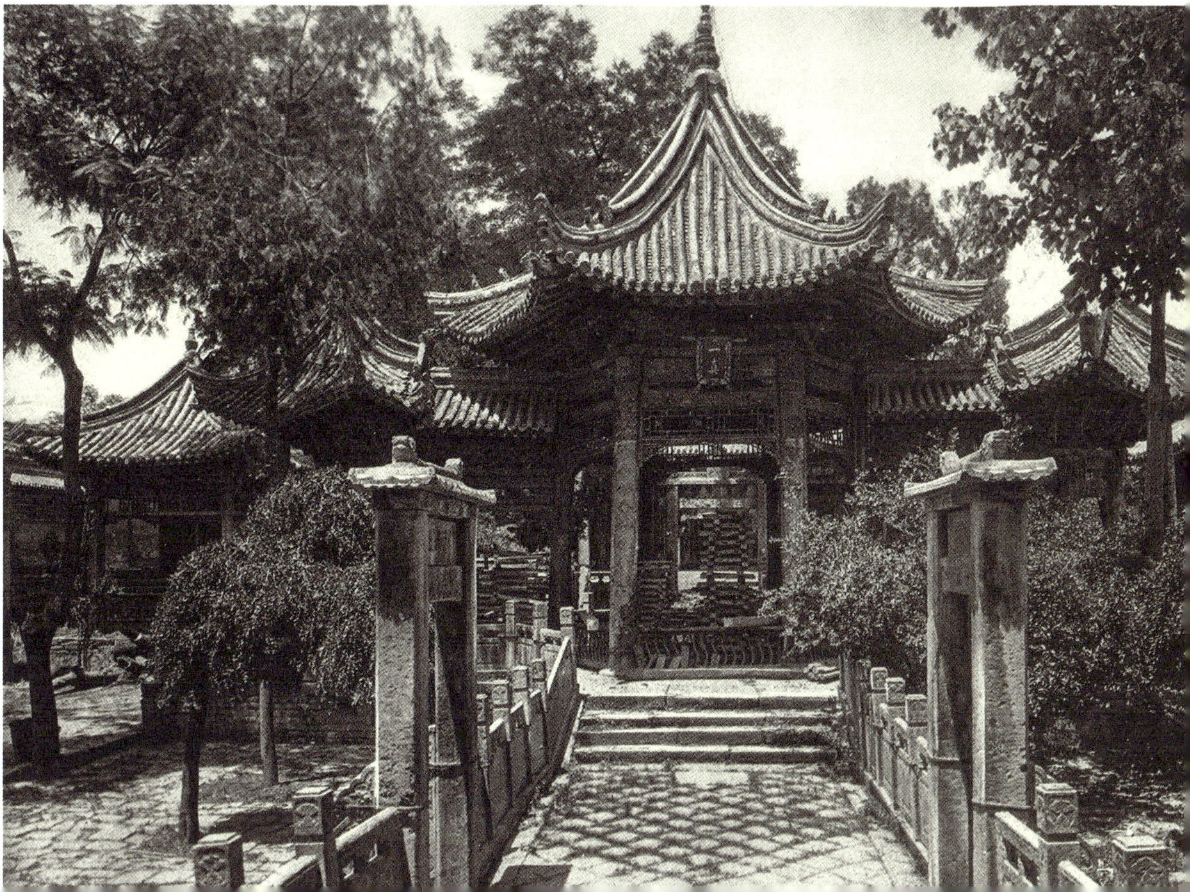

陕西省 西安府，大雁塔

陝西省 西安府，小雁塔

陕西省 庙台子，张良庙屋顶的神兽陶瓷饰品

陕西省 张良庙全景（马瑞萍拍摄）2007 年 4 月 17 日

陕西省 秦岭深处的张良纪念祠堂

陕西省 留侯祠北花园 2006 年 3 月 8 日

陕西省 庙台子，寺庙花园

陕西省 庙台子，（张良庙）主庭院

陕西省 张良庙（留侯祠）内景 2006年3月8日

陕西省　留侯祠北花园的客房 2006 年 3 月 8 日

陕西省　庙台子，张良庙的客房

陕西省 授书楼前的石阶
2006 年 3 月 8 日

陕西省 庙台子，通向圣殿的山间石阶

四川省 广元县，武后祠

四川省

四川省 广元县，皇泽寺（即武则天庙） 2006 年 3 月 8 日

四川省 广元县，皇泽寺大佛楼（左上）和大佛（右上）2006 年 3 月 9 日

四川省 广元县，武后祠上面的石刻佛像

四川省 广元县，嘉陵江边的千佛崖

四川省 广元县，嘉陵江东岸的千佛崖 2006 年 3 月 9 日

四川省 广元县，千佛崖上的壁龛

四川省 广元县，千佛崖壁龛内部图
（摄影者 PS 调整透视） 2006 年 4 月 8 日

四川省 广元县，千佛崖上的一个壁龛
2006 年 4 月 8 日

四川省　雅安，上里的一个水车　2006 年

四川省　罗江县，水车

四川省 成都府，文殊院主殿

四川省　成都市，文殊院正殿　2006 年 3 月 10 日

四川省 成都府，青羊宫八卦亭

四川省 成都市，青羊宫八角殿 2006 年 3 月 10 日

四川省 从玉垒关俯瞰都江堰飞沙堰段 2006 年 3 月 16 日

四川省 灌县，从青城山俯瞰岷江（著者拍摄位置为误记。——译者）

四川省 从玉垒关鸟瞰都江堰鱼嘴、安澜桥、二郎庙 2006 年 3 月 15 日

四川省 灌县，岷江上游、吊索桥和二郎庙

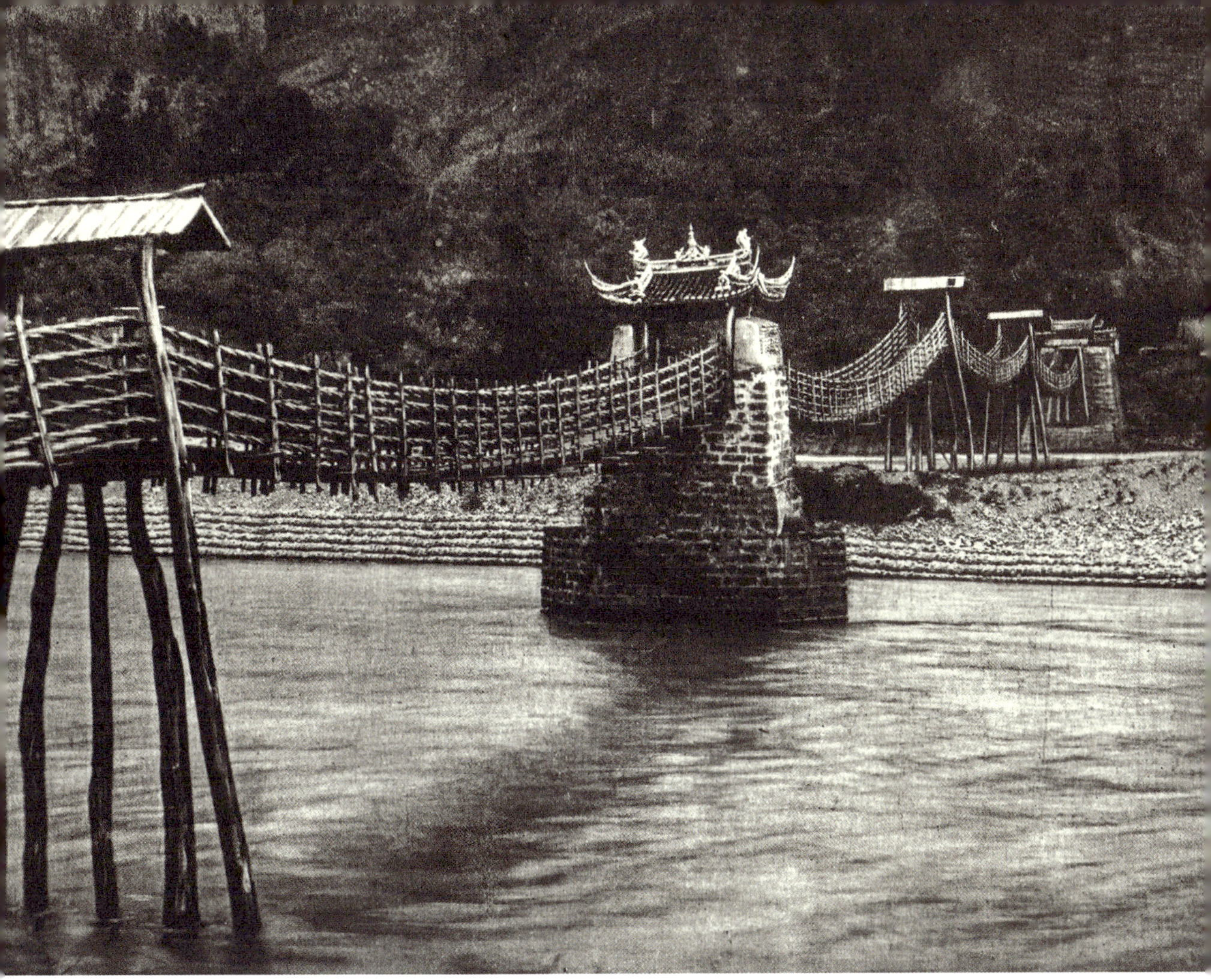

四川省 灌县，横跨岷江的吊索桥

四川省 都江堰，安澜桥因修建鱼嘴外江闸移建于下游100多米处，时值“掏滩”作业故桥下无水 2006年3月15日

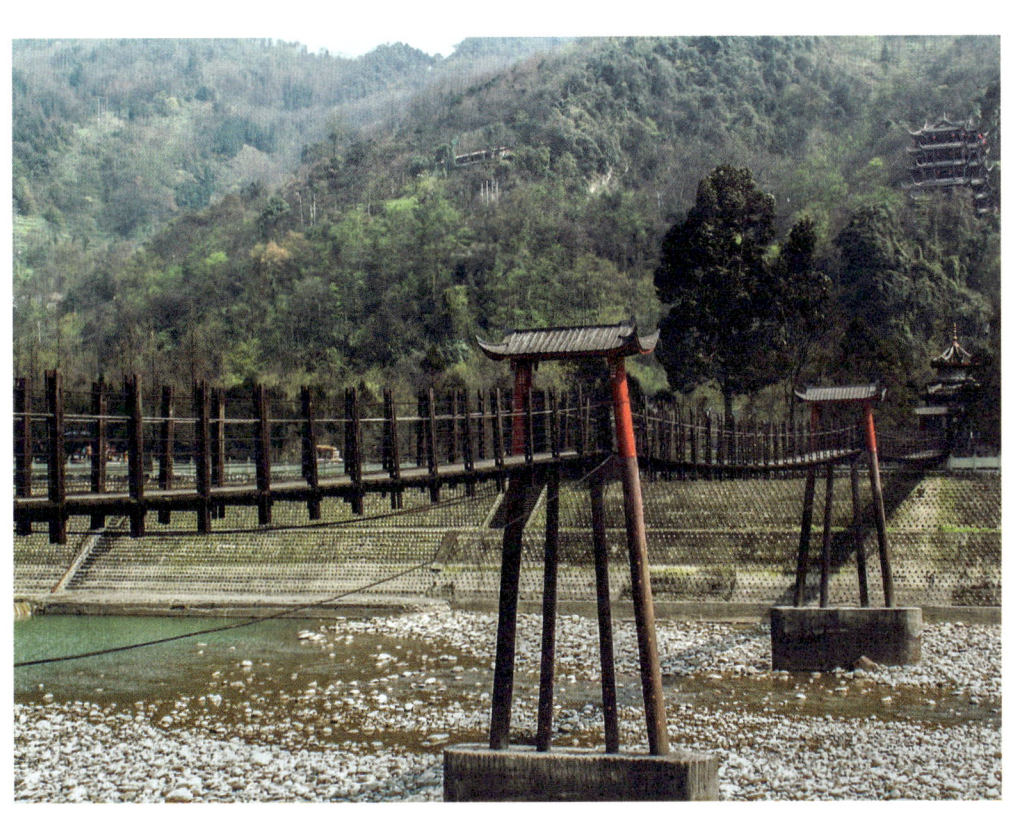

四川省 灌县，岷江桥头的桥头堡

四川省 都江堰，"灌县中学"院内的文庙大成殿 2006年3月18日

四川省 灌县，文庙正殿

四川省 都江堰，伏龙观正殿 2006 年 3 月 15 日

四川省 灌县，伏龙观正殿

四川省 灌县，二郎庙（二王庙）的前庭院

四川省 都江堰，二王庙的前庭院 2006年3月15日

四川省 灌县，二郎庙（二王庙）的大门

四川省 都江堰，二王庙的庭院和影壁墙 2006 年 3 月 15 日

四川省 灌县，二郎庙（二王庙）的庭院和影壁墙

四川省 灌县，二郎庙（二王庙）的正殿和香塔

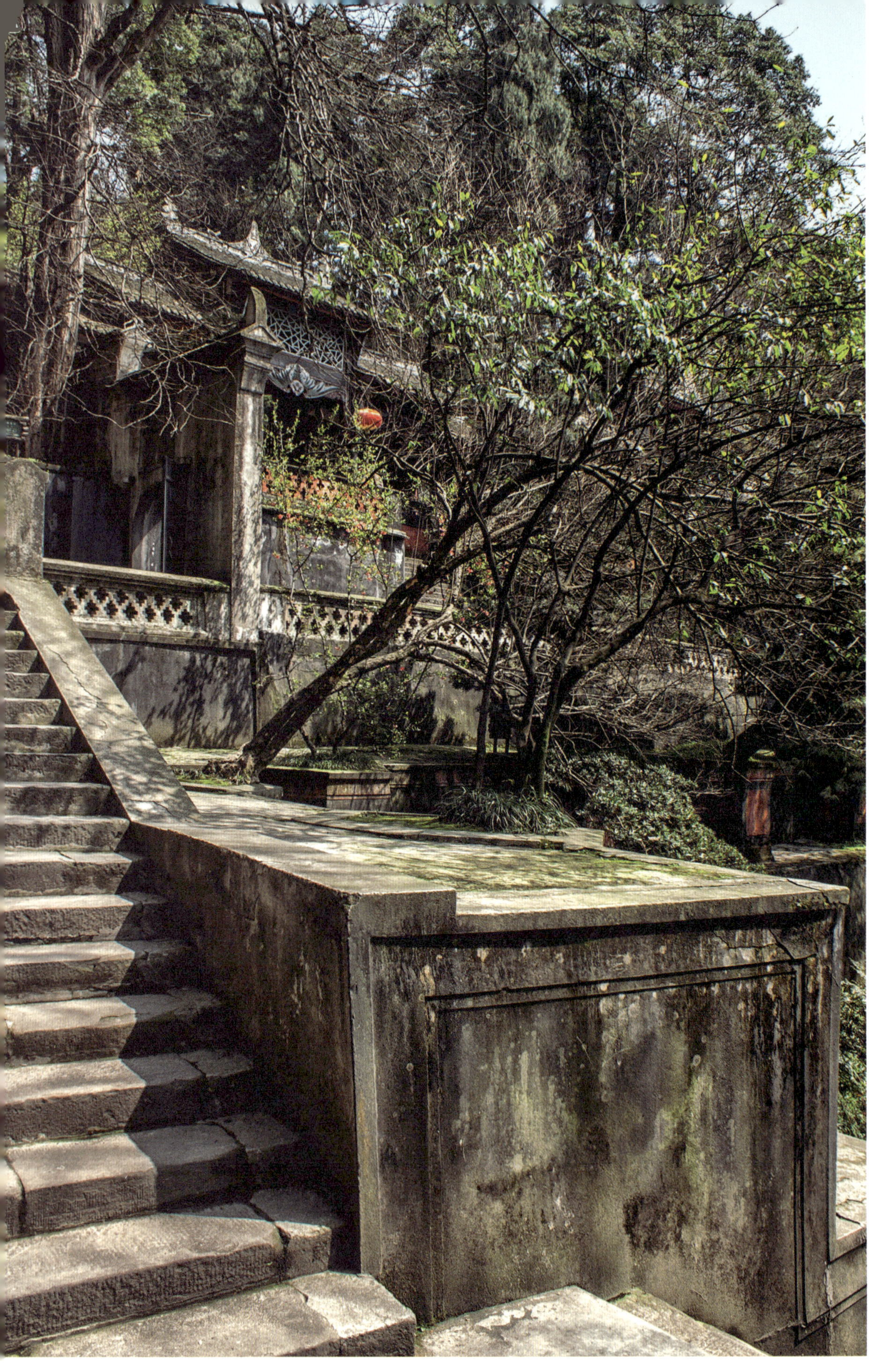

四川省

都江堰，二王庙的圣母殿 2006年3月15日

四川省　灌县，二郎庙（二王庙）最高处的殿

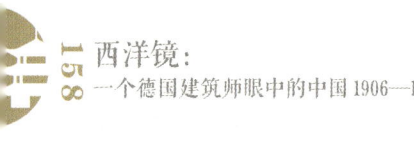

四川省 灌县，伏龙观内的李冰像

四川省 都江堰，伏龙观内的李冰石像 2006 年 3 月 18 日

四川省 灌县，二郎庙（二王庙）的中庭院

四川省 都江堰，二王庙的"五十二梯山门" 2006 年 3 月 16 日

四川省 都江堰，灵岩寺观音洞 2006 年

四川省 都江堰，"5·12"汶川大地震后损毁的观音洞 2008 年

四川省 都江堰，参照老照片复建后的观音洞 2012 年

四川省 灌县，灵岩寺观音洞

四川省 青城山的一座桥 2006 年 3 月 17 日

四川省 青城山的一座桥

四川省 青城山，石壁里的庙宇

四川省 青城山，朝阳洞 2006年3月17日

四川省 青城山，朝阳洞

四川省 青城山，小朝阳洞 2006 年 3 月 17 日

四川省 青城山，上清宫 2006 年 3 月 17 日

四川省 青城山，上清宫

四川省　雅州府，金凤寺内的僧侣墓碑

四川省　雅安市，金凤寺内僧侣墓碑旧址　2006 年 3 月 20 日

四川省 雅安市，金凤寺内方丈墓塔 2006 年 3 月 20 日

四川省 雅州府，金凤寺内方丈墓塔

四川省 雅州府，雅江（一）

四川省 雅州府，雅江（二）

四川省 雅安市，青衣江畔 2006 年 3 月 21 日

四川省 雅安市，"张家石坟院"旧址 2006年3月21日

四川省 雅州府，某家族墓地

四川省　雅州府，城外的一座石桥

四川省 宜宾市，一座建在半边寺
遗址上的岷江铁路大桥 2006 年

四川省 宜宾市，崖畔半边寺的遗迹，可见构建方
孔和神龛残留 2006 年

四川省 叙州府，岷江边的半边寺

四川省 峨眉山清音阁大殿 2006 年 4 月 3 日

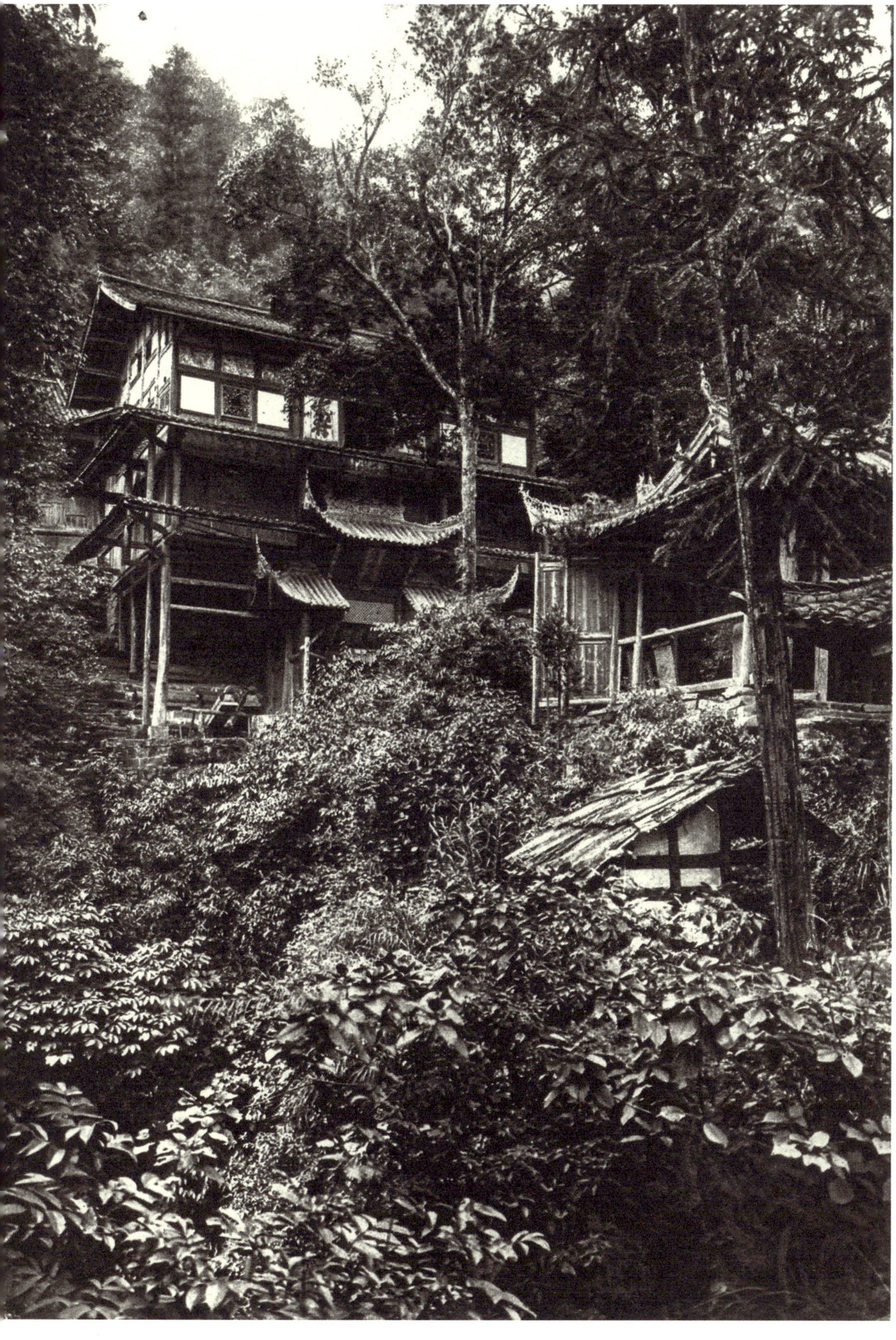

四川省

佛教圣山峨眉山的清音阁

西洋镜：
一个德国建筑师眼中的中国 1906—1909

四川省　峨眉山，万年
寺砖殿　2006 年 4 月 6 日

四川省　峨眉山，万年寺的舍利塔

四川省 峨眉山，金顶建设中的"锡瓦殿"（与原图位置相近。——译者） 2006 年 4 月 2 日

四川省 峨眉山主峰金顶上的寺庙

四川省 峨眉山最高峰金顶舍身崖卧于云海中

四川省 峨眉山金顶万佛顶云海 2006 年 4 月 2 日

四川省 峨眉山金顶寺内的高僧肉身像

四川省 峨眉山，万年寺普贤菩萨像 2006 年 4 月 2 日

四川省 嘉定府，由南远望岷江、铜江、雅江三江交汇处

四川省 乐山三江汇合处（拍摄者寻找新的角度拍摄。——译者） 2006 年 3 月 31 日

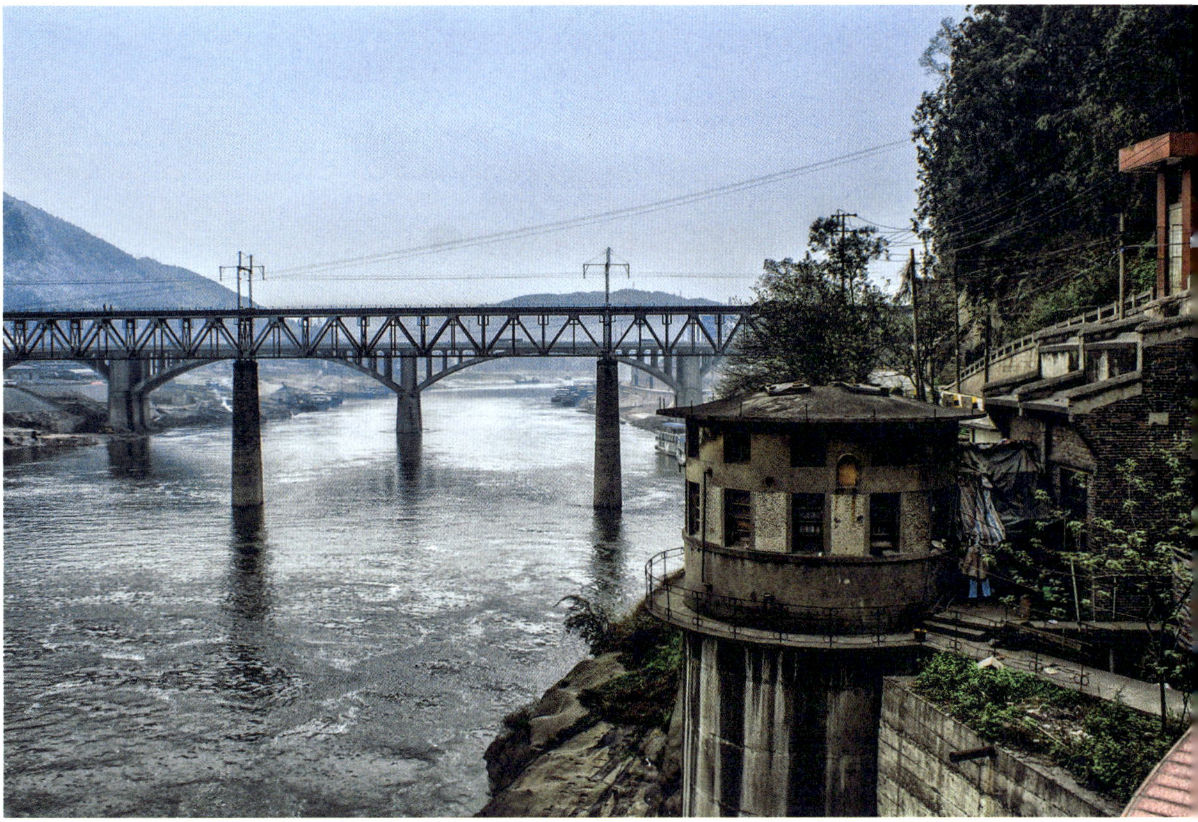

四川省
从宜宾城内望岷江 2006年3月24日

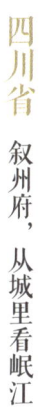

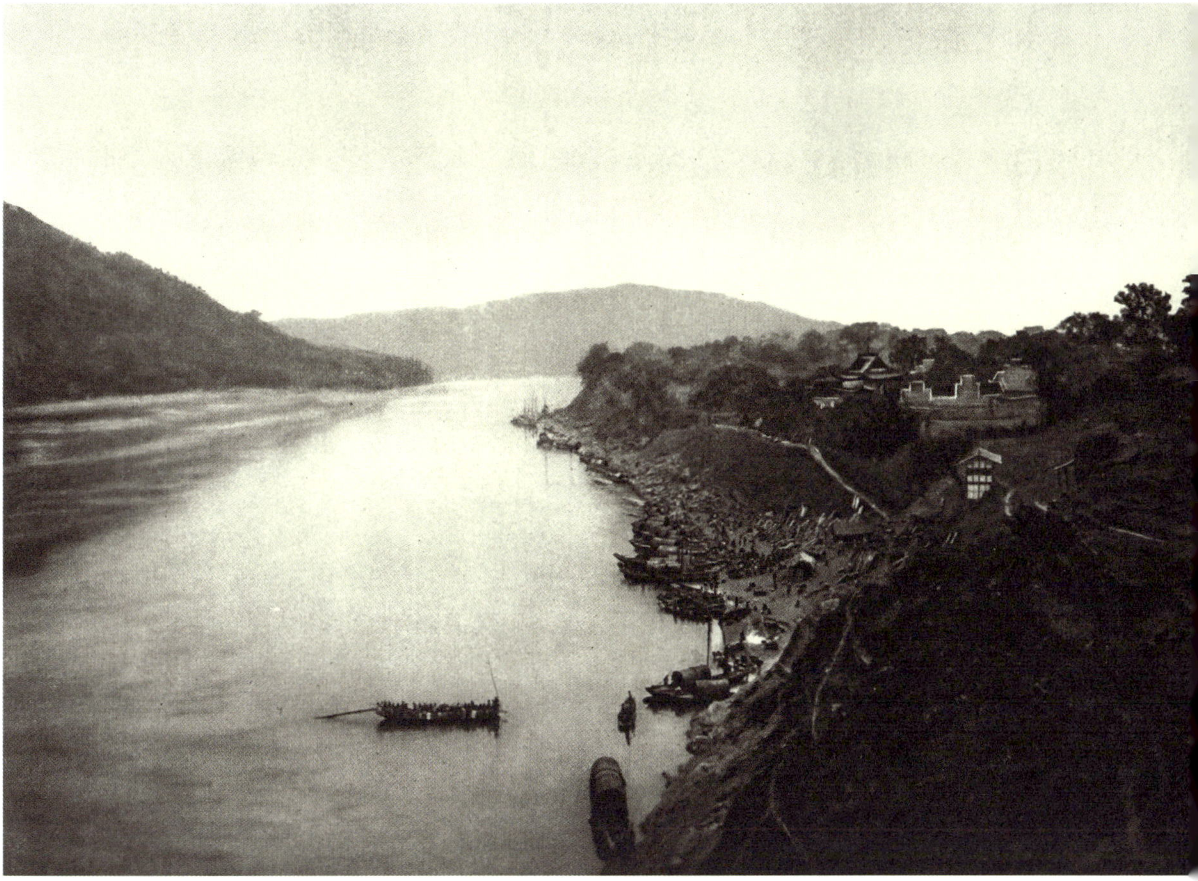

四川省
叙州府，从城里看岷江

四川省 汉州，乡村美景（万福镇漫水桥。——译者）

四川省 汉州路边的祭坛

四川省　崇州市，街子镇字库塔（文峰塔）　2006 年 3 月 16 日

四川省 邛州，村落（原书注"邛州"似地点有误。——译者）

四川省　泸州—自流井　途中牌坊

四川省 自贡凉高山中的一座双匾牌坊 2006 年

四川省 泸州—自流井 路边祭坛

四川省 泸州—自流井 南华宫会馆戏台

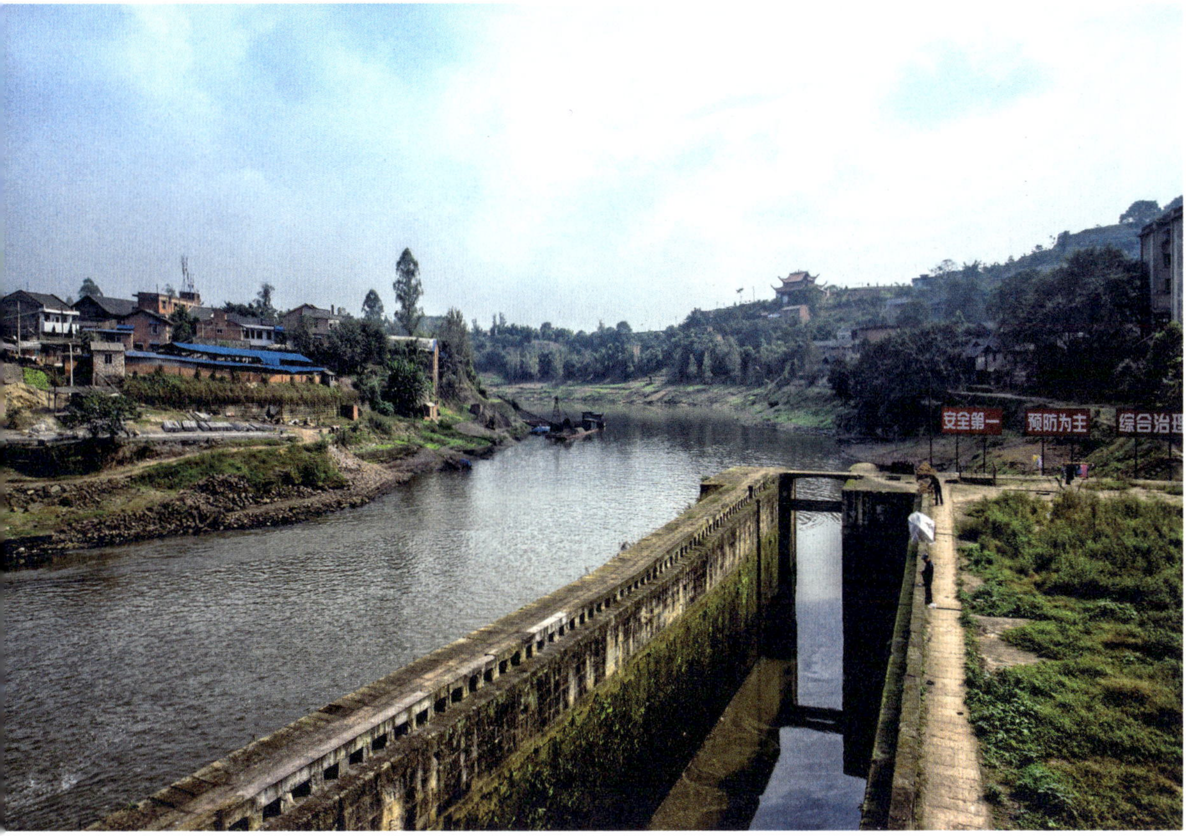

四川省
富顺沿滩釜溪河 2012年10月24日

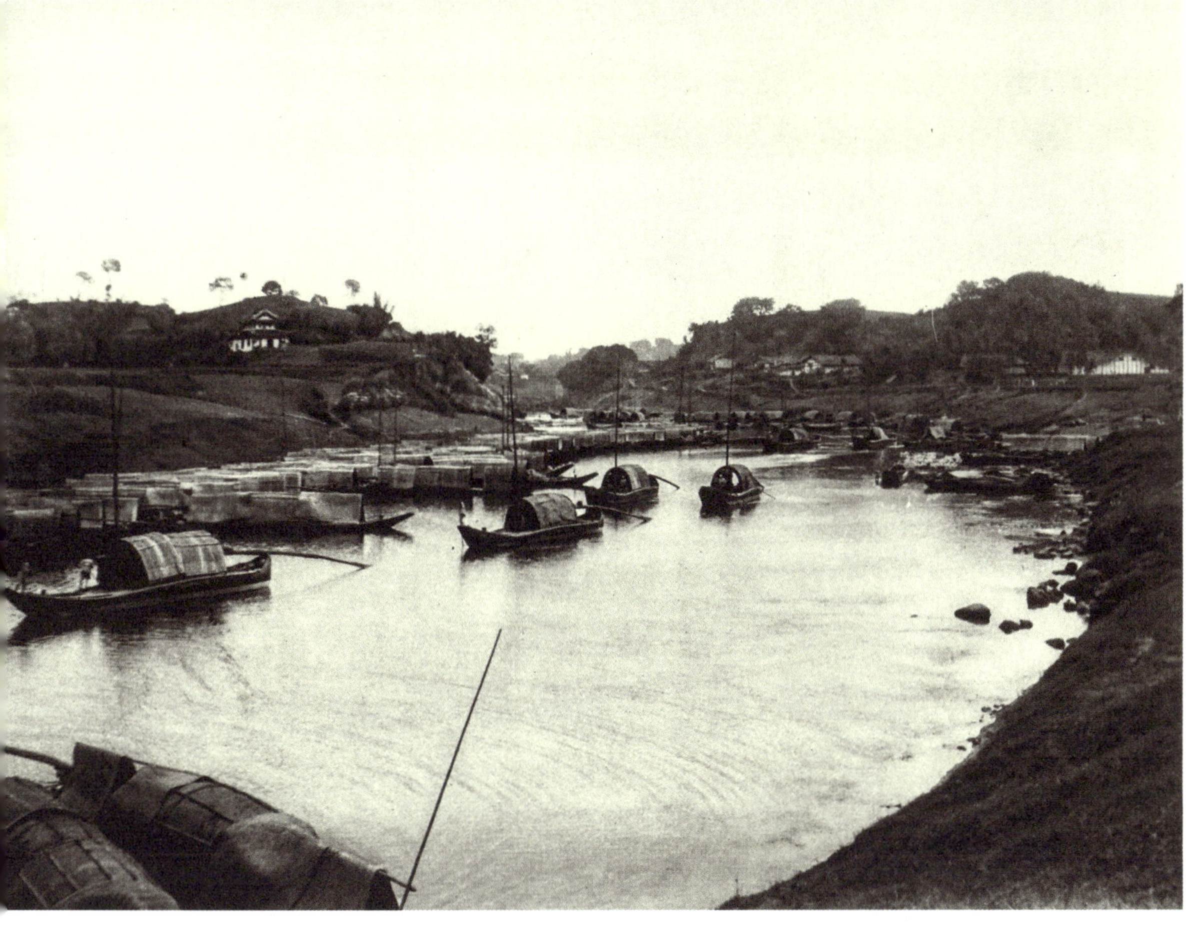

四川省
自流井，盐井生产区内的采盐舟

四川省 自贡，某座桥（原址无法找到。——译者）2006 年 3 月 22 日

四川省 泸州—自流井，沿途风光

四川省 自贡，老盐码头 2006 年 3 月 23 日

四川省 自流井，盐井生产区

四川省 山西会馆内院、旁门和旗杆

四川省 自贡盐业博物馆 2006 年 3 月 23 日

四川省 自流井，山西会馆主院厅堂

四川省
自流井，山西会馆大门口的戏台

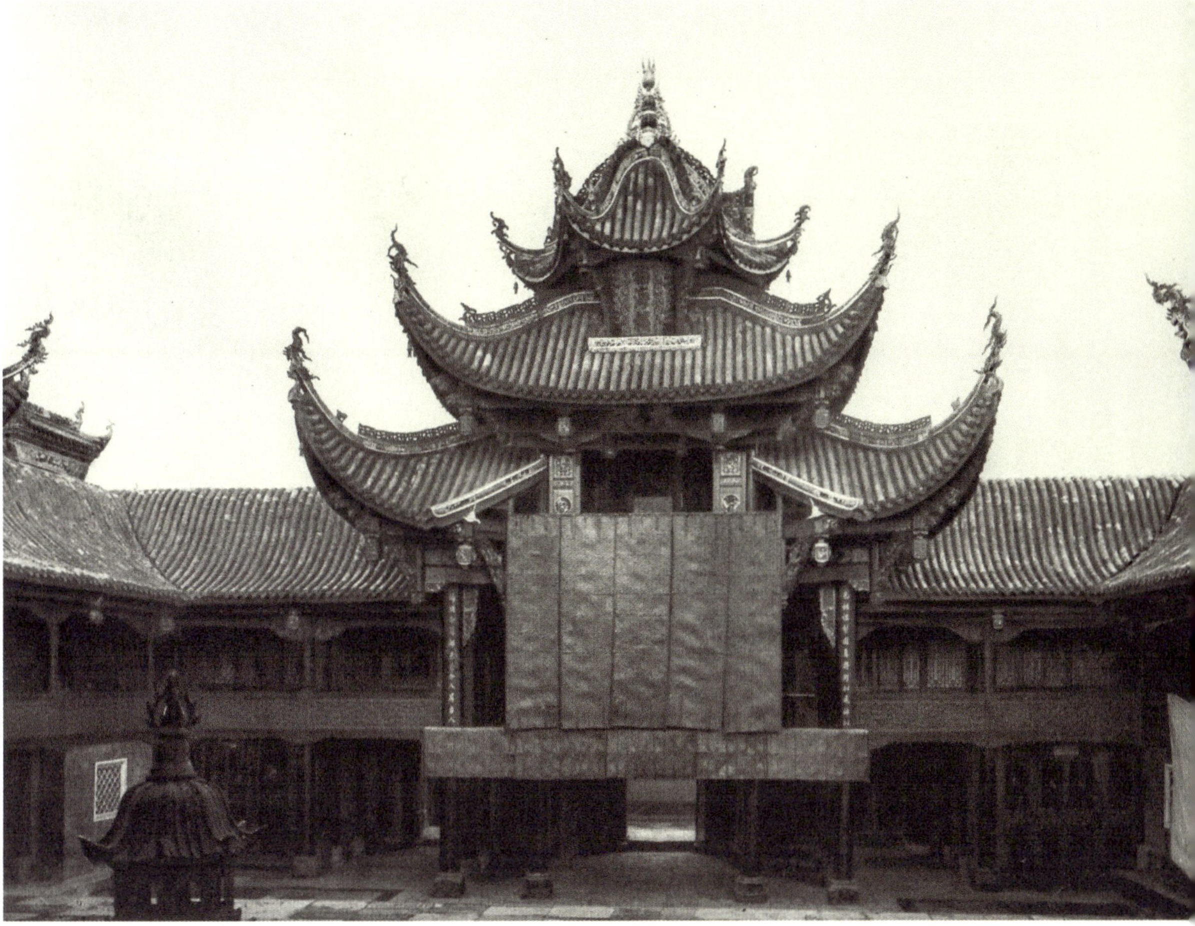

四川省
自贡盐业博物馆 2006年3月23日

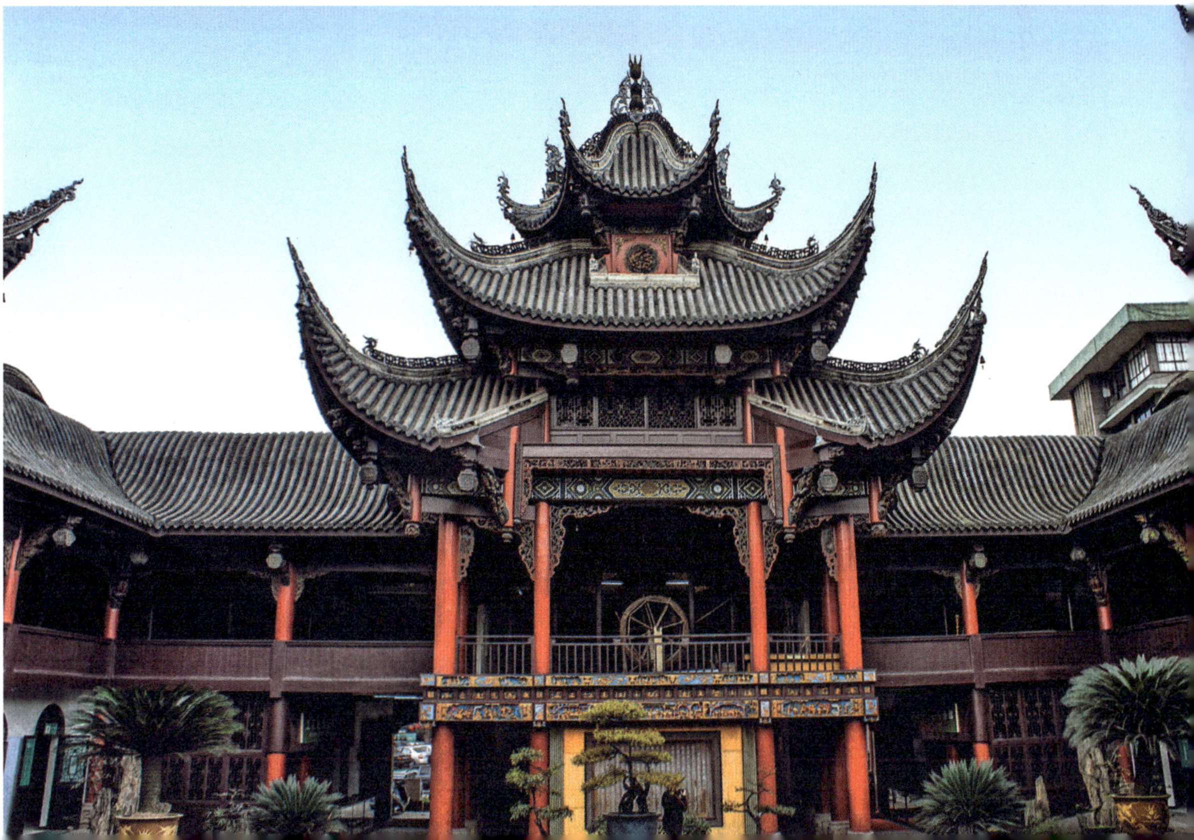

四川省 重庆府街道

四川省 重庆府街道嵌瓷装饰的民宅大门

四川省 巴渝民居馆
大门 2006 年 3 月 26 日

四川省 丰都县，王母殿门口

重庆市 丰都县，王母殿遗址 2006 年 3 月 27 日

四川省 从自流井到富顺县途中，禹田镇上的禹王宫入口，嵌瓷装饰

四川省　重庆府，一个民宅的门

四川省　巴渝民居
馆 2006 年 3 月 26 日

四川省 重庆府，老君洞门

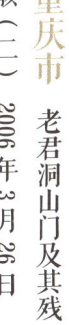

重庆市 老君洞山门及其残骸（一）2006年3月26日

重庆市 老君洞山门及其残骸（二）2006年3月26日

四川省　扬子江边上的夔州府

四川省　万印山，长江边的村庄和石宝寨

重庆市　忠县石宝寨　2006年3月28日

重庆市　万州区，岑公洞　2006 年

四川省　万县，岑公洞入口

四川省 万县，文庙的正殿和钟楼

四川省 富顺文庙大殿（原址已毁。——译者） 2006 年 3 月 24 日

四川省 万县，文庙内的钟

四川省 富顺文庙泮池和龙桥（原址已毁。——译者）2006 年 3 月 24 日

四川省 万县，文庙前庭院的泮池和雕龙石桥

四川省　万县近郊轿顶山上的墓地

四川省　万县，轿顶山墓地

四川省 万县，汉桓侯祠，扬子江边的张飞庙

重庆市 云阳张飞庙（原址已毁。云阳张飞庙为重建建筑。——译者） 2006 年 3 月 29 日

重庆市 万州区，天生城寨墙的大门（原址已毁。——译者）2006 年 3 月 30 日

四川省 万县，一个村寨的大门

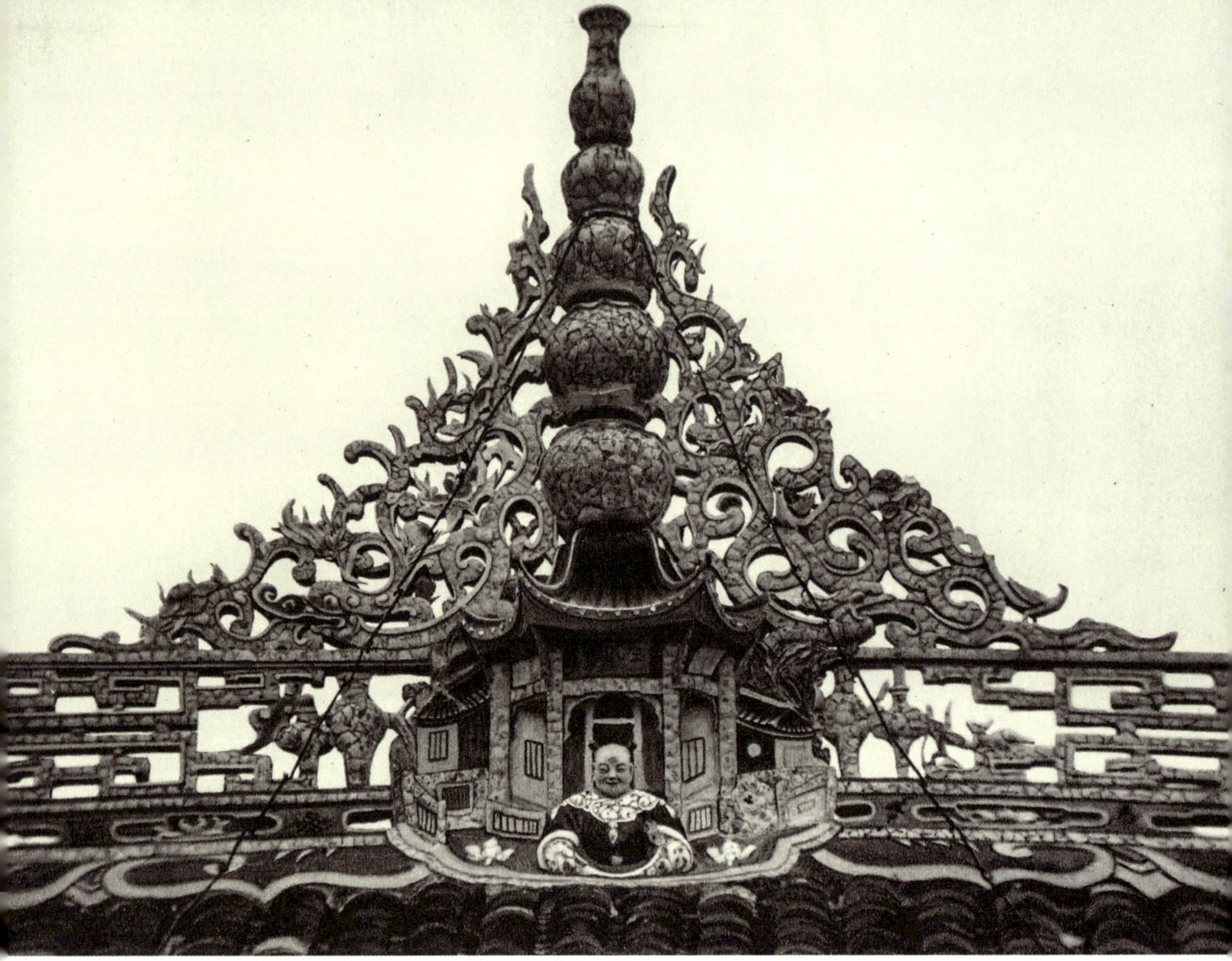

四川省 万县，汉桓侯祠，张飞庙屋脊上的陶瓷装饰

重庆市 云阳张飞庙里的屋顶 2006年3月29日

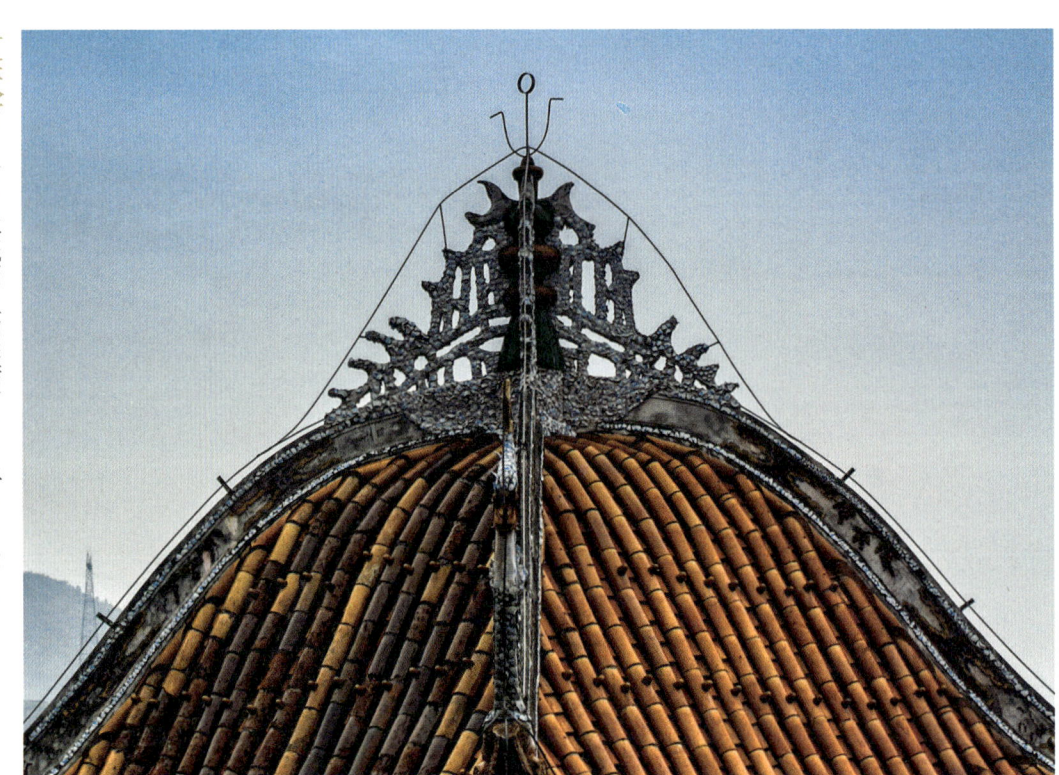

四川省 万县，汉桓侯祠，张飞庙戏台

重庆市 云阳张飞庙里的戏楼 2006 年 3 月 29 日

四川省 逆流观看夔州下游的风箱口峡谷

四川省 顺流观看风箱口峡谷

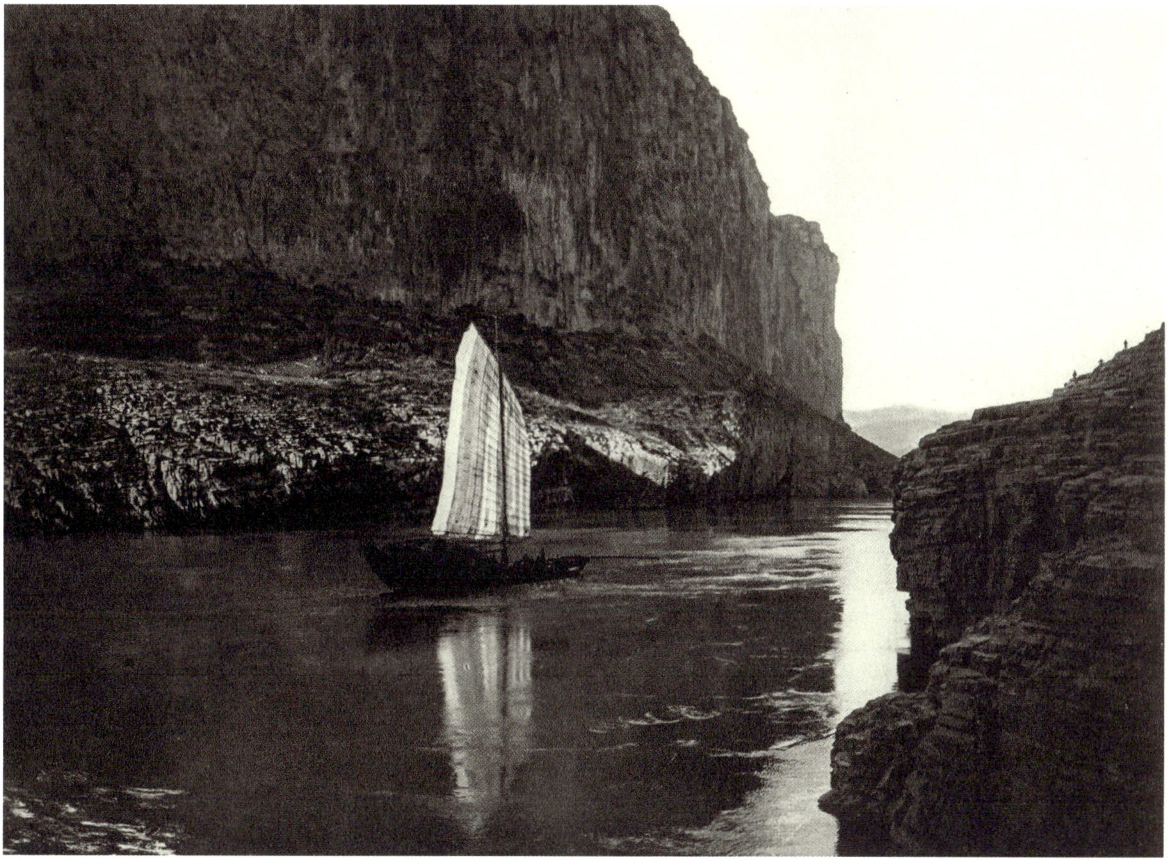

四川省
扬子江，风箱口峡谷（一）

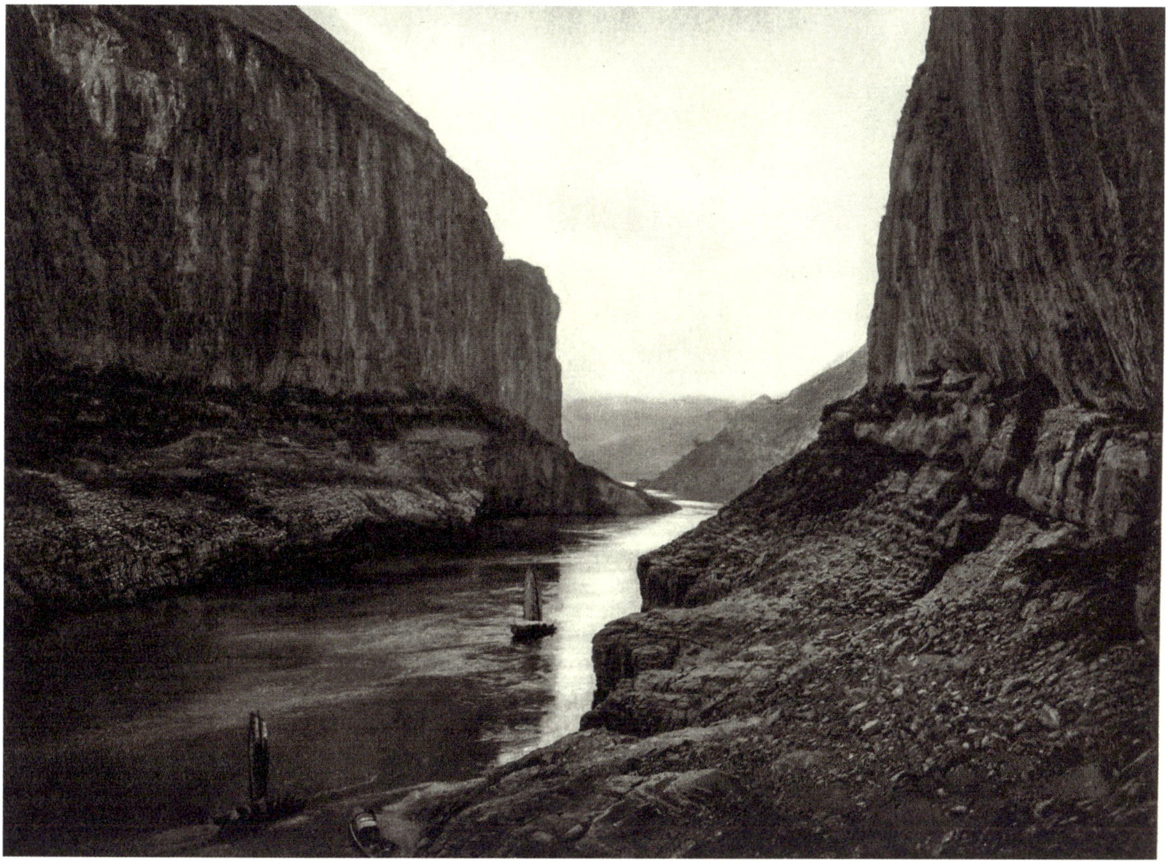

四川省
扬子江，风箱口峡谷（二）

湖北省

湖北省　宜昌府，灵官殿的正门

湖北省 宜昌府，龙王洞对面的笔架山

湖北省 宜昌府，近郊笔架山对面的龙王洞

湖北省 宜昌府，龙王洞的门亭

湖南省　洞庭湖风光

湖南省

湖南省 洞庭湖，湘江口

湖南省 长沙府，文昌宫正殿

湖南省 长沙府，左宗棠（谥文襄）府第照壁

湖南省　长沙府，孔庙主祭坛

湖南省 长沙府，陈家祠堂有钟楼的正院

湖南省 长沙府，陈家祠堂正院钟楼

湖南省 醴陵县，某祠堂入口

湖南省 衡山南岳庙正殿局部

湖南省 衡山南岳庙正殿

湖南省 醴陵县的石桥

湖南省 衡州府，湘江边上的寺庙

湖南省 醴陵县的忠孝节烈总坊

湖南省 衡州府某条街巷

湖南省 某宅门（灵仙祠）

湖南省 刘氏宗祠

湖南省 醴陵县的某家族祠堂和县城文昌楼

广西省

广西省 路边的祭坛

广西省 路边的坟墓

广西省 田间道路和牌坊

广西省 沿途风光

广西省 桂林府东面风光

广西省 桂林府西北向风光

广西省

桂林府，锥形群山

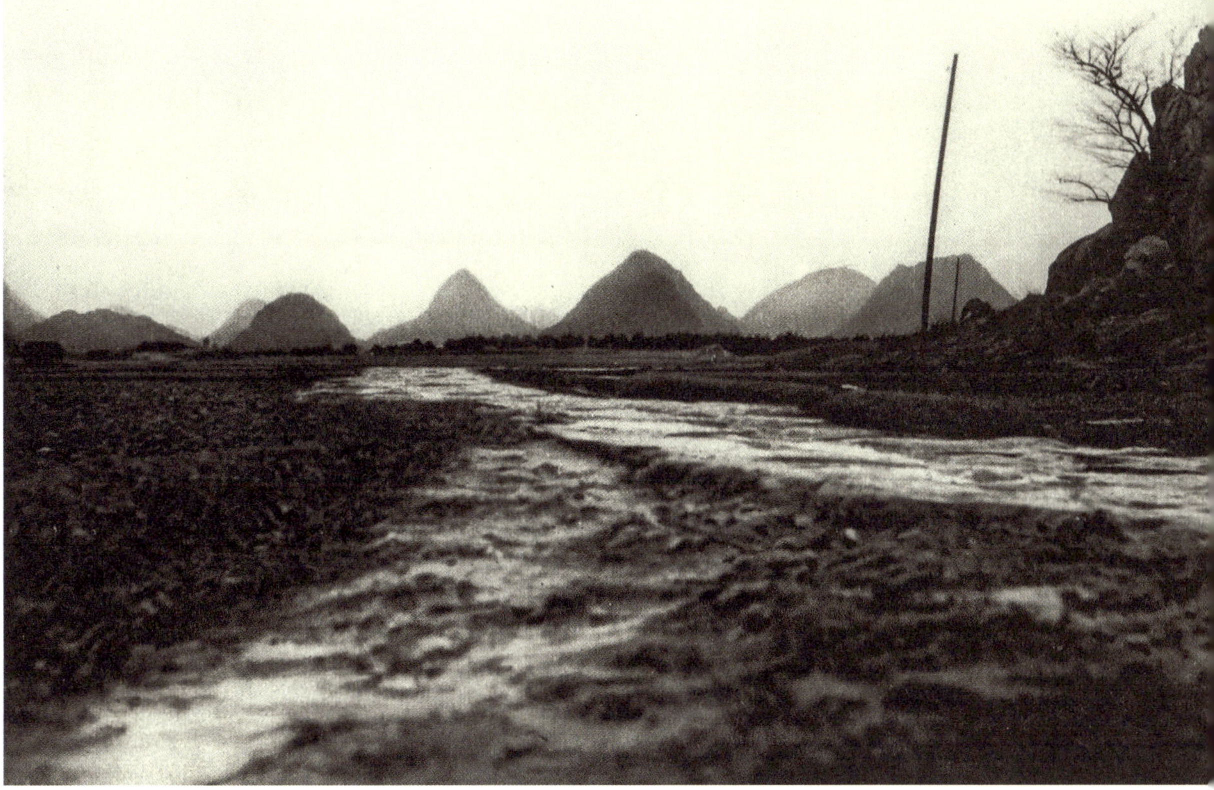

广西省

桂林府，七星洞桥

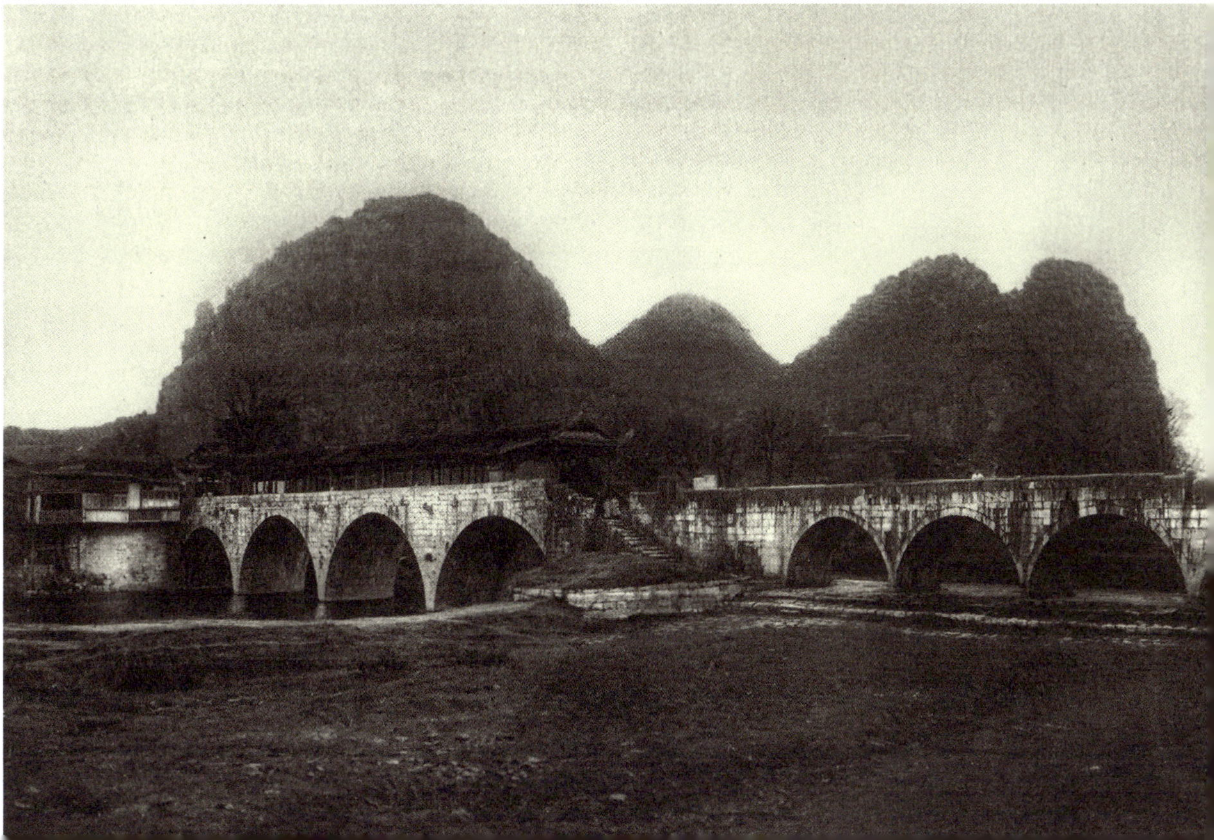

广西省 桂林府，福州会馆入口

广西省 桂江山水风光

广西省 桂江岸边的渔船

广西省 平乐府，广东会馆

广西省 梧州府，牌坊和隐约可见的西江

广西省 梧州府，青铜香炉（一）

广西省 梧州府，青铜香炉（二）

广东省

广东省 广州，陈家祠堂侧门

广东省 广州，陈家祠堂及正面街景

广东省 广州，药神庙面街的山墙

广东省 广州，药神庙主殿浮雕

广东省 广州，药神庙屋顶的二龙戏珠

广东省 广州，陈家祠堂正殿主祭坛

广东省 广州，礼拜寺内部

广东省 广州，礼拜寺大殿内的圣龛

广东省 广州，海幢寺白塔

广东省 广州，越秀山的观音塔和观音庙、村前的清真寺

广东省　广州，从观音山和村镇北部城墙上的北塔远望

广东省　越秀山上的墓群，北望可见白云山

广东省 广州北部的无数墓地，南侧可见村庄、平原和西江

广东省 广州北部山上的无数墓地，白云山

广东省 广州，白云山上的坟墓

广东省　广州近郊白云山能仁寺的内院

广东省 广州，白云山能仁寺主殿

福建省

福建省 福州，墓地（一）

福建省 福州，墓地（三）

福建省 福州，鼓山涌泉寺诵经殿

福建省 福州，诵经堂内景

福建省 福州，鼓山涌泉寺内供奉的一对皇家牌位

福建省 福州，鼓山涌泉寺藏经楼内的汉白玉卧佛

福建省 福州，涌泉寺内佛坛

福建省 福州，鼓山涌泉寺藏经楼内的舍利塔

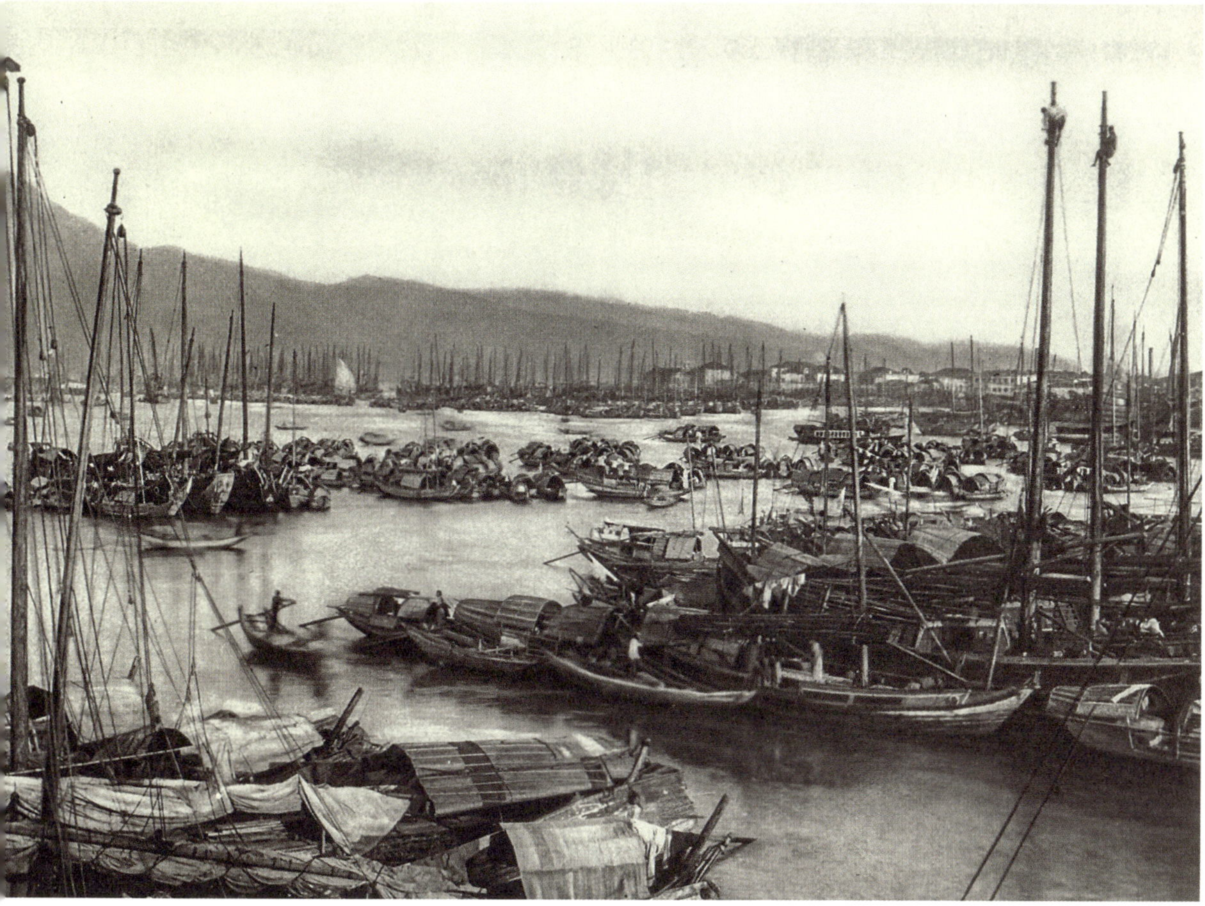

福建省 福州港口，左侧为鼓山

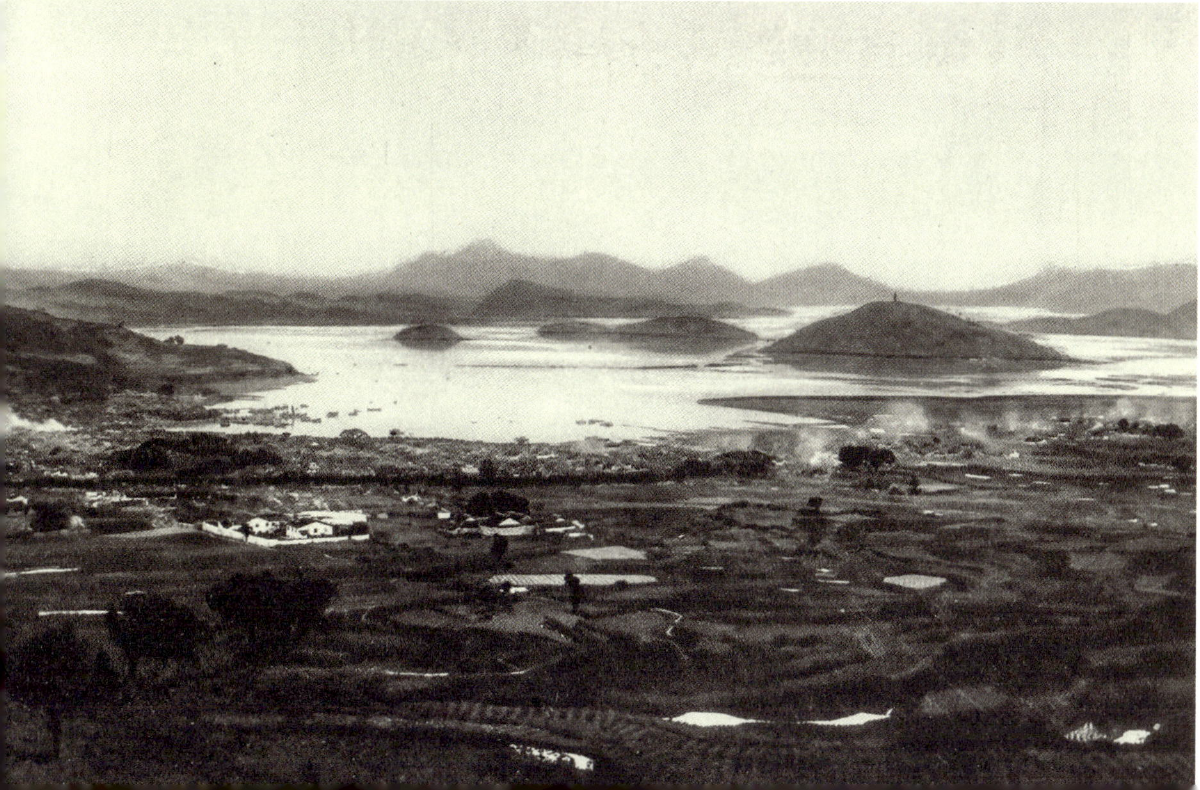

福建省 三都澳和港口

江苏省　上海宝成银楼

江苏省

江苏省 上海龙华塔

江苏省 苏州，西园寺四面千手观音（王恒申拍摄） 2005 年 10 月 23 日

浙江省

浙江省 杭州府近郊的西湖

浙江省 杭州府，西湖灵隐寺

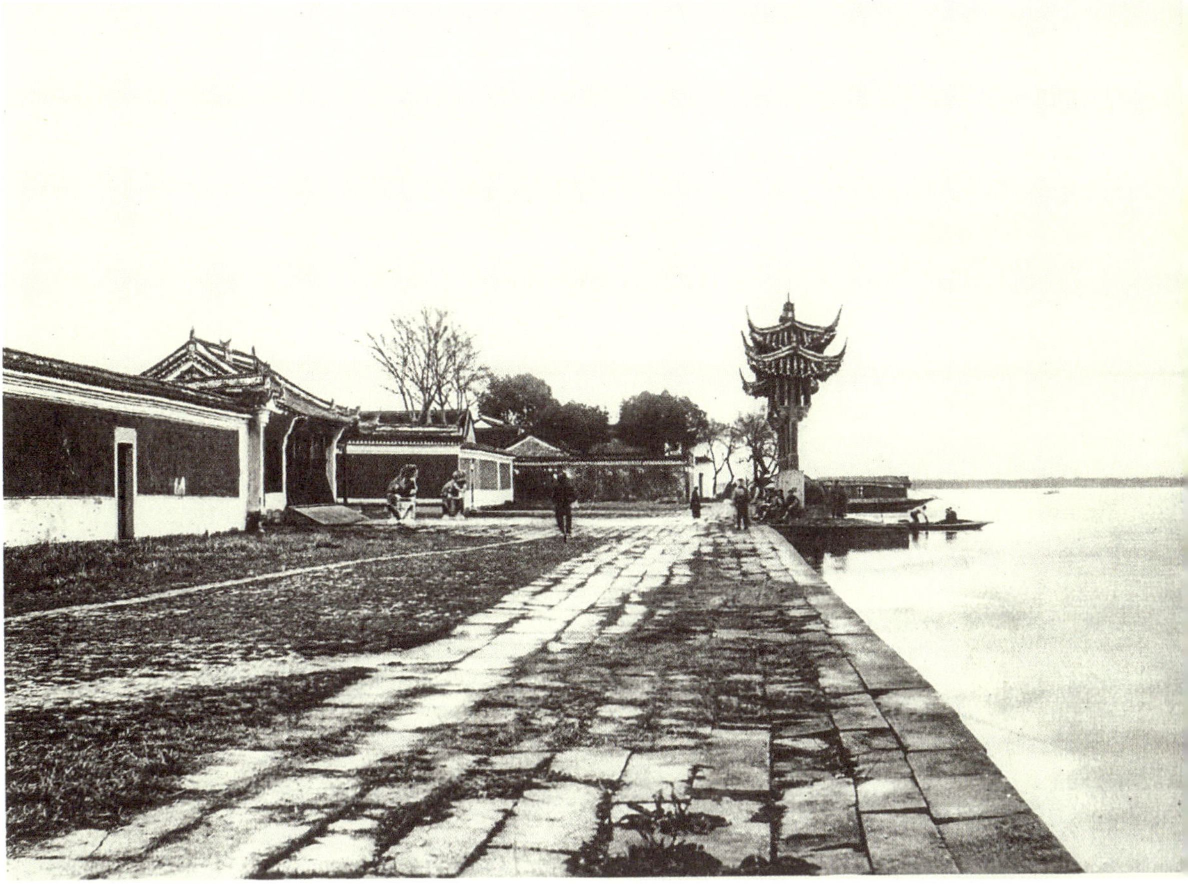

浙江省
杭州府，西湖岸边

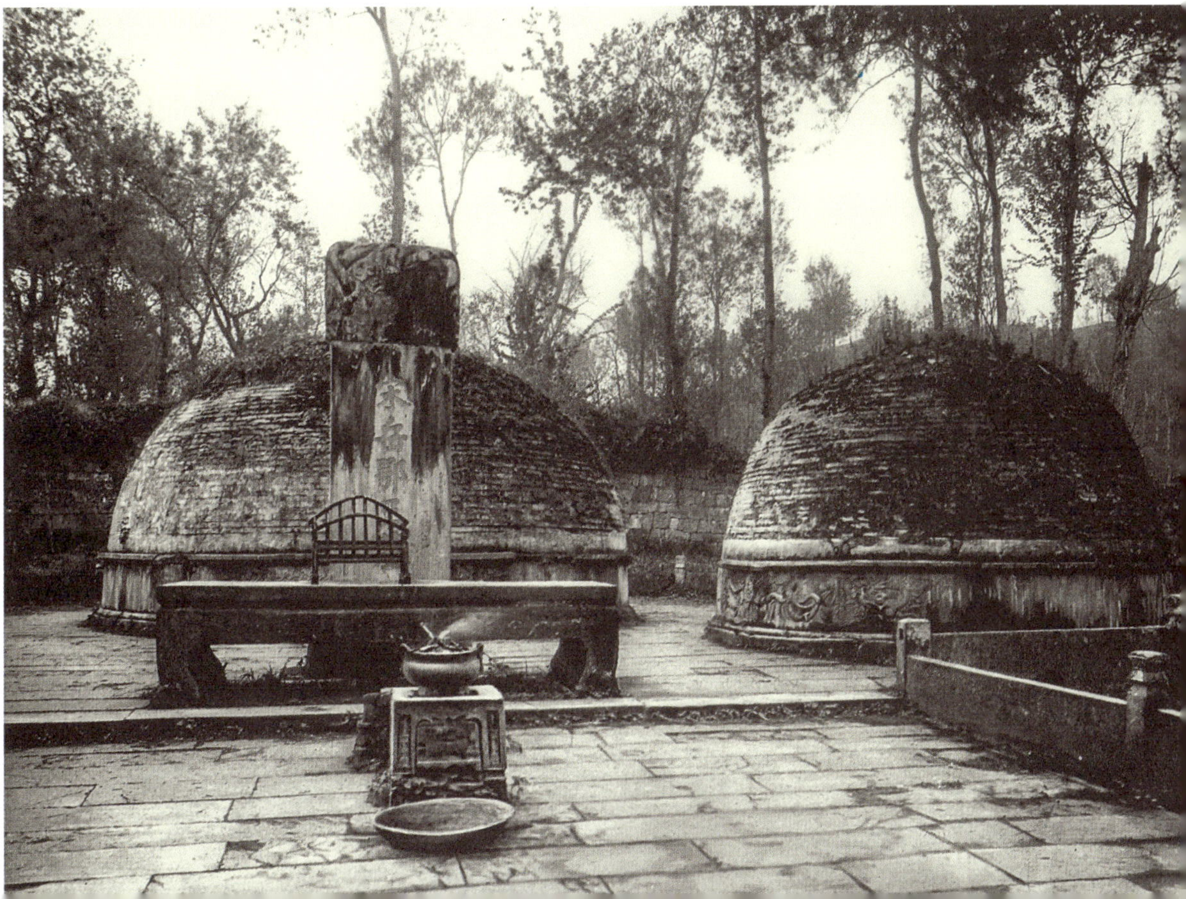

浙江省
杭州府，西湖边上岳飞墓及其妻墓

浙江省　杭州府，西湖云林寺（灵隐寺）的经幢

浙江省 杭州府，西湖畔的皇家藏书楼（文渊阁）

浙江省 宁波，在去天童寺的路上

浙江省 宁波，天童寺旁原野中的墓地

浙江省 宁波，天童寺大殿

浙江省 宁波，天童寺大殿佛坛

浙江省 宁波，天童寺的住持高僧

浙江省 宁波，天童寺修行的僧侣

浙江省 宁波，从南城墙上眺望

浙江省　宁波，某寺庙入口

浙江省 宁波，福建会馆的戏台

浙江省 宁波，一个店铺的门面

浙江省　宁波，方聚元首饰店的店铺门面

浙江省 宁波，福建会馆里的天后宫

浙江省　海宁州的钱塘江大潮

浙江省 佛教圣地普陀山观音岛

浙江省 普陀山通往法雨寺的石桥

浙江省 普陀山法雨寺的珍珠娘娘祭坛

浙江省 普陀山法雨寺主殿

浙江省　普陀山法雨寺孝子坛（九龙殿前月台栏板。——译者）石刻：孝子送饭

浙江省　普陀山法雨寺孝子坛（九龙殿前月台栏板。——译者）石刻：祈求雷公从他母亲墓上离开

浙江省 普陀山法雨寺着青竹白袍的观音像

浙江省 普陀山法雨寺玻璃供坛内的白玉观音像

浙江省 普陀山法雨寺的僧侣陵墓

浙江省 普陀山圣山顶的高僧墓